"十三五"中国农业农村科技发展报告

农业农村部科技教育司
农业农村部科技发展中心

中国农业出版社
北　京

　　科技兴则民族兴，科技强则国家强。当前，世界百年未有之大变局加速演进，新一轮科技革命和产业变革突飞猛进，站在"两个一百年"奋斗目标的历史交汇点上，党中央始终将"三农"问题作为全党工作重中之重，坚持创新驱动发展战略。党的十九大提出全面推进乡村振兴、加快农业农村现代化；习近平总书记指出，"农业出路在现代化，农业现代化关键在科技进步，我们必须比以往任何时候都更加重视和依靠农业科技进步"。

　　"十三五"期间，按照党中央提出的"四个面向"战略部署，农业科技从过去的支撑引领"一农"转向"三农"，为确保国家粮食安全、打赢脱贫攻坚、实现全面小康提供了强有力的支撑。到2020年末，我国农业科技进步贡献率突破60%，农作物优良品种覆盖率超过96%，基本实现了"中国粮用中国种"，耕种收综合机械化率超过71%，支撑保障粮食产量连年稳定在1.3万亿斤以上。我国农业科技创新整体水平迈入世界第一方阵，在种业自主创新、耕地资源保护、农业绿色发展、农机提档升级等方面取得了一批有代表性、突破性的重大成果；水稻、黄瓜、扇贝等基因组学研究及应用国际领先，超级稻亩产突破1 000公斤，猪病毒性腹泻三联活疫苗、H7N9禽流感疫苗研发成功并大规模应用，农业资源保护利用得到加强，农业绿色发展加快推进，化肥农药持续减量，连续4年实现负增长，畜禽粪污综合利用率超过75%，秸秆综合利用率达到86%，农膜回收率达到80%。畜禽种业自主创新水平稳步提高，主要畜种核心种源自给率达75%。农业科技创新基础不断夯实，高水平人才和团队不断发展壮大。农业科技日益显现出作为经济社会发展"第一生产力"的强大作用，为全面推进乡村振兴、实现农业农村科技现代化夯实了基础。

　　面对世界百年未有之大变局和中华民族伟大复兴战略全局，科技第一生产力、人才第一资源、创新第一动力的作用将更加凸显，努力实现高水平农业科技自立自强责任重大、使命光荣。"十四五"，立足"保供固安全、振兴畅循环"的三农工作定位，统筹全国农业科技资源"一盘棋"布局，坚持科技创新与体制机制创新共同驱动，加强高水平科技成果供给，深化产学研深度融合，推动科研、推广与培训"三大体系"融合贯通，在建设世界科技强国、农业强国的新征程中作出新的更大贡献。

目 录

第一章　成　就

"十三五"期间，我国农业现代化建设迈出新步伐，农村发展呈现新气象，农民收入持续较快增长，农业农村发展形势持续稳中向好。农业农村科技以创新驱动发展战略、乡村振兴战略为指引，**创新目标更加聚焦，科技支撑更加有力**，科技供给侧改革呈现出强劲的发展势头，产学研融合创新深入推进，科技驱动作用从"农业"转为"农业、农村、农民"，科技创新整体水平迈入世界第一方阵，科技创新成果取得了历史性成就。2015—2020年，全国农业科技进步贡献率从55.3%提高到60.7%，农作物耕种收综合机械化率由63.0%提高到71.3%，水稻、小麦、玉米三大粮食作物化肥利用率从35.2%提高到40.2%，农药利用率从36.6%提高到40.6%，畜禽养殖废弃物综合利用率从60.0%提高到75.9%，农作物秸秆综合利用率从80.1%提高到86.7%，农田灌溉水有效利用系数从0.532提高到0.565，为实现农业高质高效、乡村宜居宜业、农民富裕富足提供了强有力的支撑。

第一节　聚焦粮食安全　支撑粮食连年丰收

加快农业科技创新，攻克影响作物单产提高、品质提升、效益增加、环境改善的技术瓶颈，依靠科技手段和农艺农技应用，增加粮食供给，提升粮食品质，牢牢把住粮食安全主动权，确保中国人的饭碗牢牢地端在自己手中。"十三五"期间，在耕地、淡水等资源约束加剧的情况下，深入推进"藏粮于地、藏粮于技"战略实施，科技对粮食产量提高的贡献不断加大，全国粮食产量由2015年的66 060万吨，增长到2020年的66 949万吨，持续保持"连丰"势头；粮食平均亩产增加12公斤，达到382公斤，创历史新高，为新形势下应变局、开新局发挥了"压舱石"作用。

一、全面落实"藏粮于地"战略

推进农业面源和重金属污染农田综合防治与修复技术创新，在长江中下游、三峡库区、黄淮海平原等区域进行150万亩*以上集成示范，削减农田氮磷面源负荷30%以上。分类分区开展污染耕地治理，加大安全利用技术推广力度，推进农用地安全利用技术示范。到2020年底，全国受污染耕地安全利用率和污染地块安全利用率均超

---

* 1亩＝1/15公顷。

过 90%。系统开展黄淮海地区旱涝盐碱综合治理、南方丘陵区红（黄）壤改良、污染土壤修复与安全利用等科技攻关与成果应用，土壤的大幅改良促进单位面积耕地增产100公斤/亩以上。推动连作玉米条件下黑土地可持续利用技术在东北大面积应用，2016—2018 年，累计推广 1.4 亿亩以上，玉米增产 488 万吨，增收 59 亿元，实现了长期连作条件下的粮食增产、农民增收和黑土地可持续利用的协调统一。启动实施东北黑土地保护性耕作行动计划，支持在适宜区域推广应用秸秆覆盖免（少）耕播种等关键技术，面积达到 4 000 万亩，集中展示了一批黑土地保护利用综合治理模式，取得较好的示范带动效果。推进高标准农田建设，引进和推广先进实用工程与装备技术，加强农田建设与农机农艺技术的集成与应用，开展生态绿色农田、数字农田和土壤盐碱化、酸化、退化及工程性缺水等领域技术示范，到 2020 年底累计建成高标准农田约 8 亿亩。通过高标准农田建设，加快补齐了农业基础设施短板，切实增强了农田防灾抗灾减灾能力，为提高粮食生产能力奠定了坚实基础。建成后的高标准农田粮食产能亩均增加 10%～20%，显著提高了农业生产综合效益；从各地实践看，平均每亩节本增效约 500 元，有效增加了农民生产经营性收入，稳定了农民种粮的积极性，为我国粮食连续多年丰收提供了重要支撑。

二、全面落实"藏粮于技"战略

提升种业自主创新能力，突破前沿技术，创制重大品种，引领现代种业发展。成功克隆可增产 10% 的水稻产量关键基因，首次发现并克隆小麦抗赤霉病关键基因，创制了抗白粉病小麦、低镉水稻、玉米雄性核不育系与保持系等优异种质，成功培育水稻华占、春江 12 等不育系、恢复系、寒地优质高产早粳稻龙粳等一系列新品种。目前，我国农业转基因生物研究整体水平跃居世界前列，具备了参与国际竞争的能力。**推动品种更新换代**，培育推广了超级稻、节水抗旱小麦、抗虫耐除草剂玉米和耐除草剂大豆等一大批新品种，强优势杂交稻超优 1000 超高产攻关再创世界纪录，济麦 22、新麦 26 等一批优质小麦品种近 20 年平均单产增幅全球领先。截至 2020 年底，我国水稻、小麦、大豆全部为自主品种，农作物自主选育品种面积占比超过 95%，农作物良种覆盖率稳定在 96% 以上，良种对粮食增产的贡献率达到 45%。**提升粮食生产效率**，研发了玉米机械籽粒收获关键技术、冬小麦节水新品种培育与配套技术等一批轻简化实用技术，水稻机械直播、玉米籽粒机收取得重大进展，实现了大面积示范水稻亩节本 100 元、玉米亩节本 120 元。**推进区域技术集成示范**，粮食作物形成规模化、机械化、信息标准化、精准轻简化的高水平生产体系，在 13 个粮食主产省（区）各建设示范区 50 万亩、辐射区 500 万亩以上，实现三大粮食作物平均单产新增 5%，生产效率提高 18%，项目区总增产 1 400 万吨，增加经济效益 256 亿元。**加强全产业链科技支撑**，推进粮食收储运技术装备研发、工程化食品加工技术装备创制和全产业链品质质量过程控制开发，提升我国粮食收储运技术水平，促进农产品加工产业健康发展。到"十三五"末，全国标准粮食仓房仓容达到 6.8 亿吨，较"十二五"末增加

1.2 亿吨，仓储条件总体达到世界较先进水平。农产品加工业加快发展，"十三五"期间新增 1.4 万座初加工设施，新增初加工能力 700 万吨，2020 年农产品加工业营业收入超过 23.2 万亿元。

三、强化粮食生产科技服务

构建多层次农业科技示范展示平台，围绕产业发展科技服务需求，建设了 110 个国家现代农业科技示范展示基地和 5 000 个县级农业科技示范展示基地，选择 40 万农业科技示范主体，点对面示范辐射带动小农户提高生产水平。开展多层级先进适用技术集成示范，构建了部、省、县三级重大技术协同推广机制，集成熟化 23 项引领性技术，年推介 2.2 万项绿色增产、节本增效的主推技术，示范推广了专用小麦等一批重大品种以及玉米籽粒机收等一批新技术。完善多渠道基层农技推广服务体系，组织全国 2 300 多个农业县构建"专家＋农技人员＋示范基地＋示范主体＋小农户"的链式推广服务模式，加快主推技术进村入户到企。充分发挥信息化便捷高效服务优势，持续完善优化"中国农技推广"信息平台服务功能，7 000 多名专家、40 多万农技人员提供全时在线服务。推进农业科技社会化服务体系建设，服务组织普遍采用深耕深松、施用有机肥、秸秆还田等绿色技术，物化成本能降低 5%～10%，生产作业成本能降低 10% 以上，产量提高和品质改善能提高效益 10% 以上，单季作物区每亩年平均节本增效 150 元左右，双季作物区每亩年平均节本增效 300 元以上。

第二节　聚焦高质量发展　支撑重要农产品
多样化有效供给

按照改善产品品质、提高效益、保护产地生态的要求，加快选育风味独特、品质优良、商品性好、适于加工的特色农作物畜禽水产新品种，推动农业综合生产能力获得新提升、农业供给侧结构性改革取得新进展、农业发展方式实现新转变，持续提升农产品质量安全水平，切实保障重要农产品市场供应。

一、推动农业综合生产能力获得新提升

坚持产业需求和问题导向，组织开展产业关键技术研发，推动农业高质量发展。**不断改进生产模式**。大力推广园艺作物标准化生产、畜禽标准化规模养殖和水产健康养殖模式，集成推广"畜—沼—果""果—菜—茶""稻—鱼（蟹虾）"等生态种养循环技术模式，建立了集优质种苗培育、专用营养饲料、生态病害防控等多项新技术为一体的工业化高效养殖工艺以及"鱼—虾蟹—贝类—藻类"等多种多营养层次综合养殖模式，通过专家大院、科技小院、科技直通车等开展农业科技创新和集成示范，促进农业产业效益提升。**稳步提升技术水平**。面向全国发布农业主导技术，推广了粮食稳产增产、农机农艺结合、农产品储运保鲜等先进适用技术，农业综合生产技术水

平大幅提升。创建了纳米材料传输基因的新方法，在农业纳米药物、智能控释肥料等领域形成了良好研究基础，实现纳米农药研究与发达国家水平相当。重大病虫害成灾机理研究达到国际先进水平，黏虫、草地螟等迁飞规律研究国际领先，率先揭示植物免疫抗病蛋白管控和激活机制。掌握了动物疫病疫苗抗原筛选、反向遗传操作等基因工程技术，在口蹄疫、禽流感疫苗和制备工艺研发方面取得重大进展。率先揭示了非洲猪瘟病毒结构及其组装机制，推动了疫苗研制进程。研发出猪传染性胃肠炎、猪流行性腹泻、猪轮状病毒（G5型）三联活疫苗，达到国际先进水平。完成了凡纳滨对虾基因的测序和组装，获得世界首个对虾全基因组参考图谱。在湖泊净水渔业生态操控技术、浅海滩涂清洁高效增养殖模式构建等方面处于全球领跑地位，渔业科技进步贡献率从58%提升到63%，科技和装备支撑显著增强，引领水产业的快速发展。**持续提高农产品质量安全水平**。全面落实企业年检、产品质量抽检、市场监察、风险预警、产品公告等证后监管5项制度，推进绿色有机地标农产品标准化生产落实落地，全力保障农产品质量安全。截至2020年底，全国绿色食品原料标准化生产基地、有机农产品生产基地总数达到808个，面积超过2亿亩；绿色有机地标农产品获证单位超过2.3万家，产品总数超过5万个，与"十二五"末相比分别增长93%和72%。2020年底，全国农产品质量安全例行检测合格率达97.8%，比2015年提高0.7个百分点，农产品质量安全水平继续稳定向好。

二、推动农业供给侧结构性改革取得新进展

充分发挥科技引领作用，引导科技成果向主产区集成，推动品种结构、品质结构优化调整，促进农业结构调高、调优、调精。**支撑品种结构调整**。从注重发展主粮作物生产，向果蔬、畜禽、水产等重要农产品生产并重转变。优质小杂粮、饲草等新品种培育取得新突破。优化了柑橘优势种植区域布局，实现了早、中、晚熟品种配套，突破了苗木繁育、果实留树保鲜等关键技术，确保了9个月鲜果供应，彻底改变了柑橘产业的落后面貌。培育了赣南脐橙、洛川苹果、岳西菱白、罗田黑山羊等一批地方优势特色产业，建设了一批特色产业基地，创响了一批特色品牌。截至2020年底，全国认定"一村一品"示范村镇3 274个，推介乡村特色产业十亿元镇（乡）91个、乡村特色产业亿元村136个，培育产值超100亿元的优势特色产业集群34个，宣传推介乡村特色产品和能工巧匠2 100个。**支撑品质结构调整**。适应单一、低端的传统产品结构向多元化、高值化、功能化转变的需求，推动科技创新从注重数量向品质、营养、功能作用等并重转变。目前我国水稻优质化率超过37%、小麦优质化率达到33%。大米由国标米向优质米发展，小麦面粉从传统的富强粉向特一粉、特二粉、高筋粉等产品类型转变。生猪、奶牛等精准营养、减抗替抗等技术广泛应用，规模化养殖技术达到国际水平。培育出京红、京粉系列自主蛋鸡品种和京海黄鸡等自主肉鸡品种，市场占有率均由20%提高到50%以上。改良云岭牛、秦川牛等地方品种，培育出高品质杂交组合。目前，我国主要畜种核心种源自给率达75%，奶牛良种覆盖率达

60％，90％以上种猪可自主繁育。**支撑产业结构调整**。科技创新从注重一产向支撑一二三产融合转变，强化农产品产地初加工、高值化精深加工、保鲜储运、康养休闲、创意文化等全链条多功能科技创新。开展了高效低碳制冷、果蔬绿色防腐保鲜等关键技术研究，开始由"静态保鲜技术"向"动态保鲜技术"转变。开展农产品梯次加工、绿色低碳加工、智能加工等技术研发，促使我国农产品加工业与农业产值之比达到2.2：1。以信息化、物联网等新兴技术推动农业产业发展，催生了休闲农业、乡村旅游、农产品加工物流、电子商务等新产业新业态。2020年，全国县域农产品网络零售额为7 520.5亿元，占农产品销售总额的比重达到13.8％；"田秀才""土专家"等在乡创业创新人员达3 150万，返乡入乡创业项目中60％以上具有创新因素，85％以上属于一二三产业融合类型，55％运用"互联网＋"等新模式，促进了直播直销等业态快速发展。

三、推动农业发展方式实现新转变

通过应用现代技术、设施装备等，推动农业发展方式向自动化、设施化转变。**推动农业机械化发展**。研制出小麦、水稻、玉米等主要农作物的耕种管收全程机械化作业装备，200马力级拖拉机实现量产，10公斤/秒大喂入量谷物联合收割机广泛应用。农业遥感技术成功应用于灾害监测预警、产量评估、农业环境要素监测。北斗导航支持下的无人耕地整地技术、小麦无人播种收获技术、水稻无人机插技术等取得突破性进展。国产甘蔗收获机主产区市场占有率达80％以上，采棉机整机产品和采棉头等核心部件技术瓶颈已经突破，成为市场主流产品。植保无人机突破了超低容量喷头及精准施药技术、撒施天敌昆虫专用载具及自控释放技术等。到2020年，全国农作物耕种收综合机械化率达71.25％，比"十二五"末提高7.43个百分点。其中，机耕率、机播率、机收率分别达到85.49％、58.98％、64.56％；畜牧养殖、水产养殖、农产品初加工、设施农业等产业机械化率分别达到35.79％、31.66％、39.19％、40.53％；小麦、水稻、玉米三大粮食作物耕种收综合机械化率分别达到97.19％、84.35％和89.76％，比"十二五"末分别提高3.53、6.23和8.55个百分点。**支撑农业设施化发展**。设施大棚、智能温室、智能化养殖设施等设计与建造技术和模式不断改进，高效节能型日光温室、智能植物工厂等逐步应用。立体高效密闭式畜禽养殖环境控制技术与装备自主研发进展加快，集装箱生态养鱼、工厂化循环水水产养殖等广泛推广应用。目前我国设施农业产值占农林牧渔业总产值比例达44％。

第三节　聚焦绿色发展　支撑农业资源高效利用

围绕农业产业与资源节约、环境友好、生态保育的协调发展，重点开展了化肥农药减施增效、农业废弃物资源化利用、农业水资源高效利用等方面的技术创新、机制创新和成果转化推广，启动实施了畜禽粪污资源化利用、果菜茶有机肥替代化肥、东北地区秸秆处理、农膜回收等农业绿色发展行动，为加快资源节约型、环境友好型农业发展，推进农业资源高效利用提供了有力支撑。

一、推进化肥农药减施增效

推进化学肥料和农药减施增效综合技术研发与推广应用，发展了精准变量施肥、灌溉施肥（水肥一体化）等先进施肥技术，研发了 Bt 农药、绿僵菌等微生物农药，开发了赤眼蜂、捕食螨等天敌昆虫，构建了化肥农药减施增效与高效利用的理论、方法和技术体系。"化学肥料和农药减施增效综合技术研发"重点专项项目区氮肥利用率提高到 43%，磷肥利用率提高到 34%，化肥氮磷减施 20%，化学农药利用率提高到 45%，化学农药减施 30%，农作物平均增产 3%，实现作物生产提质、节本、增效。开展化肥农药使用量零增长行动，推广有机肥替代化肥、测土配方施肥，强化病虫害统防统治和全程绿色防控。截至 2020 年底，配方肥已占三大粮食作物施用总量的 60% 以上，机械施肥超过 7 亿亩次，水肥一体化达 1.4 亿亩次；水稻、小麦、玉米三大粮食作物化肥利用率达到 40.2%，比 2015 年提高 5 个百分点；农药利用率达到 40.6%，比 2015 年提高 4 个百分点；绿色防控面积近 10 亿亩，主要农作物病虫害绿色防控覆盖率达到 41.5%，比 2015 年提高 18.5 个百分点。大力推广有机肥替代化肥技术，实现节本增效、提质增效。2020 年，有机肥施用面积超过 5.5 亿亩次，比 2015 年增长约 50%。

二、推进农业废弃物资源化利用

持续提升畜禽粪污处理能力。实施畜禽粪污资源化利用行动，在畜牧大县开展畜禽粪污资源化利用试点，组织实施种养结合一体化项目，集成推广畜禽粪污资源化利用技术模式，支持养殖场和第三方市场主体改造升级处理设施，加快构建种养结合、农牧循环的可持续发展新格局。在 685 个畜牧生产县实施粪污资源化利用行动，支持改造升级处理设施，提升畜禽粪污处理能力。2020 年，畜禽养殖废弃物综合利用率达到 75%，比 2015 年提高 15 个百分点。**稳步推进秸秆综合利用**。在 630 个县开展秸秆利用重点县建设，政策、技术、管理、考核措施"四位一体"的工作机制不断完善，以点带面的格局初步形成。以县为单元建立秸秆资源台账，开展常态化调查监测。试点创设秸秆利用补偿制度，构建耕地地力补贴与秸秆利用挂钩机制，试点县实现了全量利用。2020 年，全国农作物秸秆综合利用率达到 86.7%，比 2015 年提高 6.6 个百分点；其中，北京、上海、天津、河北、江苏、浙江、新疆生产建设兵团等 7 地超过 95%。**深入推进农膜回收利用**。推动出台《农用薄膜管理办法》，建立全程监管体系，实施农膜回收行动，以西北地区为重点，以加厚地膜应用、机械化捡拾、专业化回收、资源化利用为主攻方向，建设了 100 个农膜回收示范县，累计扶持建设回收加工企业 400 余家、回收网点 3 000 余个，基本构建了以政府扶持、市场为主导的回收利用体系。创设农膜回收绿色补贴政策，开展农膜生产者责任延伸制度试点，探索建立长效机制。2020 年，全国废旧农膜回收率超过 80％，比 2015 年提高 20 个百分点。

三、提高农业水资源利用效率

建立了节约高效的农业用水制度，突出农艺节水和工程节水措施，推广水肥一体化及喷灌、微灌、管道输水灌溉等农业节水技术，健全基层节水农业技术推广服务体系，节水农业技术应用面积不断扩大。节水农业技术每年应用面积超过 4 亿亩次，其中，覆膜保墒 2 亿多亩，喷灌微灌 1.49 亿亩，水肥一体化超过 1 亿亩。耐旱小麦配套节水栽培技术节省灌溉水 30％左右，玉米膜下滴灌技术、全膜双垄沟播技术等可提高水分利用效率 17％，采用节水技术的示范区粮食每亩增产 70～100 公斤，节本增效达到 80～140 元。"十三五"以来，全国农田灌溉水有效利用系数已从 0.532 提高到 0.565，粮食水分生产率提高 10％。在干旱缺水的条件下，农业水资源利用水平的提高为保证粮食等主要农产品有效供给做出了重要贡献。

第四节　聚焦脱贫攻坚　支撑农民收入水平不断提高

积极开展"科技扶贫行动"，大力实施科技扶贫"百千万"工程，组织动员全社会科技力量服务脱贫攻坚，建设创新创业载体平台，培育脱贫产业，促进科技成果向贫困地区转移转化，推动科技人员对贫困村科技服务和创业带动全覆盖，为高质量打赢脱贫攻坚战提供了强有力的科技保障。

一、组织农业科技力量服务脱贫攻坚

充分调动和引导全国农业科研力量，按照调研产业、遴选专家、组织发动、明确任务、签署协议、协调对接、建立机制等步骤，对标贫困地区特色产业存在的瓶颈问题，完成专家选派和帮扶工作。通过组建贫困县产业扶贫技术专家组推动科技助力产业扶贫，聚焦扶贫主导产业，强化科技和人才支撑，依托青稞、高粱等 42 个特色产业体系，形成一批针对性成果，建设一批特色产业基地，促进创新要素向贫困地区集聚，推动科技力量成为脱贫攻坚的"生力军"。"十三五"期间，组建了 4 100 多个产业扶贫技术专家组和科技服务团对接全国 832 个县，10.3 万名农技人员结对帮扶 2.5 万个贫困村，实现贫困村农技服务全覆盖。各重点贫困地区省份按要求加大农技帮扶力度，四川省为全省 11 501 个建档立卡贫困村派出驻村农技员 12 424 人，实现"一村一名农技员"，开展技术指导 378.6 万次。在"三区三州"组建 6 个科技服务团、544 个专家组，覆盖"三区三州"165 个贫困县，引进示范新品种、新技术 660 余项。在农业农村部定点扶贫县组建 5 个科技服务团，涉及 31 个单位的 97 位专家参加，帮助解决龙山百合种质退化、咸丰黑猪品种改良、中华蜂养殖等技术问题。科技为贫困地区解决了一批产业技术难题，扶持了特色产业发展，有力促进了农民增收和群众生

活条件的改善。

二、支撑贫困地区产业高质量发展

广泛开展"科技扶贫行动",推广应用先进适用技术,放大扶贫产业的带贫、益贫效益,助力贫困地区产业发展,促进贫困群众增收脱贫。在"三区三州"和定点扶贫县组建 550 个科技服务团和技术专家组,立足贫困县资源禀赋和市场需求,提供全产业链指导服务,着力打造"一乡一品""一县一业",推动了定西马铃薯、太行山区苹果、恩施黑猪等 30 多个贫困地区产业壮大发展。38 个现代农业产业技术体系为"三区三州"深度贫困地区建立了 544 个产业扶贫专家组,先后派 2 000 多名专家助力贫困地区产业发展。马铃薯体系将专用品种和加工技术引入甘肃定西进行集成转化,带动当地及周边 5 万多农户脱贫。大宗蔬菜体系在安徽岳西将茭白生产技术与甲鱼、鸭子养殖技术进行集成推广,帮助当地 5 万农户脱贫。柑橘产业技术体系针对柑橘品种老化等问题,开展适合于贫困地区新品种的筛选和示范,三峡库区等部分产区柑橘产业已成为当地脱贫致富的支柱性产业。针对百合产业发展存在问题,为龙山县组培 50 万粒脱毒种球,推广赏食兼用"丹蝶""京鹤"新品种,制定百合食品安全生产标准,开展轮作和土壤灭菌消毒技术等标准化生产试验示范。甘肃省定西市示范推广粉垄技术,用物理方法提高地力,马铃薯当年增产 80%;新疆维吾尔自治区进行重度盐碱地改造,第四年仍能增产 81.7%。陕西省柞水县通过建立院士工作站、技术研发中心和示范基地,2018 年木耳产业带动 4 827 户贫困群众户均增收 1 000 元。在一系列措施的支持下,贫困地区农村居民人均可支配收入从 2015 年的 7 653 元增长到 2020 年的 12 588 元,年均增长达 12%,持续快于全国农村平均水平。

三、培育产业扶贫带头人和脱贫致富能手

启动产业精准扶贫培训行动,以定点扶贫县、"三区三州"为重点,开展产业扶贫带头人经营能力培训和贫困户专项生产技能培训。加大贫困地区农民培训的经费支持力度,对贫困县和西部地区分别设置 5% 和 10% 的权重予以倾斜支持。面向农业产业扶贫带头人和有劳动能力的建档立卡贫困户,精准遴选培育对象、精心制定培训方案,开展专项技能培训。在"三区三州"把有劳动能力的贫困人口作为培训对象,培育农民 13 万人。每年在环京津贫困县培育 1 万名高素质农民,实现环京津 28 个贫困县全覆盖。通过政府购买服务的方式,从农业乡土专家、种养能手、新型农业经营主体技术骨干、科研教学单位一线服务人员中招募 4 000 多名特聘农技员,承担公益性和公共性农技推广任务,解决贫困地区特色产业发展缺品种、缺技术、缺装备等难题,弥补基层公益性服务的供给不足。在 720 个国贫县和 331 个省贫县培养产业扶贫带头人和贫困农民 48.4 万人,有效解决了发展优势特色产业、农产品产地初加工等缺少经营人才、技术落地难等问题,为贫困地区产业发展培育了一批懂技术、会经营、善管理、本土化的脱贫带头人,提高了贫困地区产业发展水平和自主

发展能力。

第五节　聚焦生态宜居　支撑美丽乡村建设

在美丽乡村建设过程中，持续发挥科技对"补短板、强弱项"的支撑作用，村庄道路、供水、垃圾污水处理等基础设施建设有序推进，农村人居环境整治成效显著，数字乡村建设扎实推进，公共服务和治理现代化水平稳步提升，农民全面发展得到加强，越来越多的村庄在全面建成小康社会中展现出青山绿水的底色和美丽宜居的特色。

一、助推美丽宜居乡村建设取得新成效

强化农村人居环境领域科技创新，为创建生态宜居的美丽乡村提供了有力技术支撑。发展了一批能源替代技术，积极推进农村清洁能源替代工程，有序推进节能炉灶、生物质能源利用，推广生物能沼气开发利用技术、节煤炉炕灶等技术，实现农村节能减排和环境改善。应用了一批环境整治技术，研发并推广农村生活污水无害化处理技术、垃圾资源化利用技术、厕所粪污就地消纳技术等，统筹开展山水林田湖草系统治理技术集成与推广应用，促进农村生态环境显著改善。创新了一批改厕技术模式。围绕干旱、寒冷地区农村卫生厕所改造等技术需求，开展农村改厕技术攻关与模式创新，形成了一批适合我国干旱、寒冷地区的新型厕所产品，构建了单户、整村改厕的技术模式，有力推进了农村"厕所革命"。截至2020年底，全国农村卫生厕所普及率超过68%，农村生活垃圾收运处置体系已覆盖90%以上的行政村，95%以上的村庄开展了清洁行动，村容村貌明显改善。

二、提升乡村公共服务和乡村治理现代化水平

加快农村及偏远地区通信网络建设，组织实施"互联网＋"农产品出村进城工程，推动建立适应农产品网络销售的供应链体系、运营服务体系和支持保障体系。2020年，全国农村网络零售额实现1.79万亿元，继续保持快速增长。持续推进信息进村入户工程。截至2020年底，共建成运营益农信息社43.16万个，为农民和新型农业经营主体提供公益服务1.26亿人次，实现电子商务交易额405.29亿元。补齐农村公共文化服务设施建设短板，推进村级综合文化服务中心建设，加快完善公共文化服务体系。截至2020年底，全国已建成村级综合性文化服务中心57.5万个，覆盖率达到95%。加强富有农村特色的线上文化资源供给，整合开发乡村春晚、广场舞、小戏小品、农村非遗、农民画等资源内容，让公共文化服务更多惠及广大农民群众。推动公共安全视频监控建设联网应用示范和重点支持项目建设，已基本建成中央到村（社区）六级联网共享体系。推进"互联网＋公共法律服务"工程实施，通过线上线下平台建设，免费为广大农民群众提供法律咨询、人民调解、法律援助、法治宣传教

育等服务。2020 年，全国应用信息技术实现行政村党务村务财务"三务"综合公开水平达 72.1%，"雪亮工程"行政村覆盖率达 77.0%，县域政务服务在线办事率达66.4%，乡村治理体系和治理能力现代化建设获得有力支撑。

三、促进农民全面发展

健全完善农民教育培训信息管理系统，根据产业发展和农民需求，组织入库 10.3万名师资和 1.8 万个实训基地。稳步推进全国农业科教云平台运营推广工作，开发"云上智农"学习平台，为农民提供在线学习、在线咨询、成果速递和线上考核等服务。目前，已开展线上课程 8 000 多门，以农民为主的注册用户达到 500 万人，在线释疑解惑的农业专家和农技人员达到 43 万人。大力开展高素质农民培育计划，以提高生产经营能力和专业技能为目标推动农民技能培训，有效提高农民产业技能水平。2019 年高职扩招录取高素质农民 2.6 万人，圆了农民的"大学梦"。加快新型职业农民培训，紧紧围绕促进产业兴旺目标任务，以家庭农场经营者、农民合作社负责人等为重点，培育各类新型经营服务主体带头人超过 200 万，培养现代青年农场主、创新创业青年等年轻力量 5 万人，培育农业经理人等经营管理人才 1.6 万人。山东省每年培育的高素质农民领办兴办新型经营主体超过 1 万家。支持农民创新创业。2016 年以来，连续开展农民教育培训"百名优秀学员"等资助活动，涌现出一大批高素质农民典型。陕西省共成立了 37 个职业农民协会，共吸纳会员 1 万余名。湖南省创业培训学员带动普通农民户均增收 5 000 元。

第二章 成 效

　　"十三五"以来，农业农村部紧紧围绕党中央、国务院实施创新驱动发展战略、乡村振兴战略等决策部署，以转变农业发展方式和推进农业供给侧结构性改革为主线，大力推进农业科技自主创新、科研组织模式创新、技术推广转化应用载体创新，健全适应产出高效、产品安全、资源节约、环境友好农业发展要求的科学技术体系，**组织方式不断创新，治理能力不断提升**，体制改革和机制创新取得突破、产学研融合创新取得重大进展，治理体系治理能力现代化水平成效显著。

第一节 建设科创中心 提升资源集聚能力

　　为解决科技经济"两张皮"痼疾、促进产学研深度融合，加快推进农业科技成果转化和产业化，按照中央1号文件部署，从2017年开始，农业农村部全面推进国家现代农业产业科技创新中心启动建设工作。通过创新理念、创新思路、创新机制，推动科技、产业、企业、人才、金融等"五个融合"，聚焦关键技术集成、关联企业集中、创新要素集聚、优势产业集群等"四个集"，培育壮大现代农业新产业新业态新模式，建设一批区域性农业农村科研中心、转化中心、研发中心、人才中心和科技体制机制模式创新中心等"五个中心"，打造一批"农业硅谷"和区域经济增长极。

一、明确了建设思路和目标定位

　　农业农村部围绕打造"农业硅谷"和区域经济增长极的建设目标，做了大量深入调查研究工作，不断加强对思路原则、目标定位、建设任务的顶层设计。

　　建设原则。按照"科技创新能力强、科技型企业强、地区辐射带动力强和地方党委政府建设意愿强"的"四个强"建设标准，坚持"建一个成一个、一个一个推动""先建、后认、再挂牌"的建设原则，着眼全产业链协同促进要素集聚，着眼全过程联动开展科技创新，着眼全要素集聚推动产业发展。坚持以产业为导向，把推动产业发展作为科创中心建设的出发点和落脚点；坚持以科技为核心，把强化创新引领作为科创中心建设的生命力和竞争力。坚持以构建优良创新创业生态为关键，把科创中心作为促进科技与产业深度融合的加速器和孵化器。

　　建设目标。通过探索实践产学研一体、政府和市场双轮驱动的农业创新创业新机制，打造农业科技创新的新高地、科技与产业融合发展的大平台、各类创新要素紧密结合的好载体，打造"农业硅谷"和区域经济增长极，支撑和带动农业产业转型升级。

二、出台了科创中心支持举措

通过不断深化顶层设计、加强组织领导、强化统筹推进，在明确定位、找准重点、探索路子上，做了大量扎实有效的创新和实践；通过"抓设计、强协调、搭平台"等举措，帮助各科创中心实现"聚人气、造声势、优生态、树品牌"等目标，助力科创中心高质量发展。

抓设计指路径。前期，农业农村部围绕打造"农业硅谷"和区域经济增长极的建设目标，做了大量深入调查研究工作，不断加强对思路原则、目标定位、建设重点的顶层设计。自每个科创中心创建之初，就向申报地区提出了系列方向性、根本性、指导性要求，并在后续建设过程中，利用现场调研、座谈交流、工作调度等多种方式，不断重申强调科创中心建设的"四梁八柱"。

强协调引资源。农业农村部积极协调推动科研院校、国家现代农业产业技术体系、国家农业科技创新联盟、学科群重点实验室、涉农龙头企业等资源与各科创中心对接；沟通协调各级地方政府加大对各科创中心的关心关注、组织领导和统筹支持。

搭平台扩影响。支持各科创中心发挥自身优势，申报建设国家级的科技平台，打造全国性的科技论坛、成果转化中心，树立权威产业品牌。

三、取得了显著的建设成效

"十三五"期间，已批复建设了江苏南京、山西太谷、四川成都、广东广州、湖北武汉等5个科创中心，科技界、产业界、金融界积极响应，各地党委政府高度重视，密集出台了金融、人才、税收等一揽子优惠政策，形成合力推进的良好局面。

（一）主导产业发展优势明显

5个科创中心分别围绕所在区域的资源禀赋和区位特点，聚焦主导产业，推动农业技术集成、创新要素集聚、龙头企业集群、特色产业集中，促进产业大变革、大转型、大提升。**南京科创中心**聚焦生物农业、智慧农业、功能农业三大主导产业，打造战略新兴产业，目前进展最快、落地最实，设定了"十四五"期间打造千亿级产业集群目标。**太谷科创中心**聚焦有机旱作农业、功能食品、功能农业三大主导产业，打造现代种业、功能食品及农产品精深加工等产业集群，将山西杂粮杂豆等特色产业打造成优势产业、品牌产业、主导产业。**成都科创中心**聚焦数字农业、休闲农业、功能农业三大主导产业，整建制引进中国农科院、中科院优势科研单位和团队，着力打造西南地区现代农业和乡村振兴科技支点。**广州科创中心**聚焦现代生物种业、农业生物制造、农业智能装备三大主导产业，在汇聚、对接、盘活各类资源要素上，发挥了"超级媒婆"作用，为辐射引领粤港澳大湾区农业农村发展和乡村振兴战略发挥了积极作用。**武汉科创中心**聚焦生物育种、动物疫苗、生物饲料添加剂三大主导产业，并同步发展农业与基因技术、大数据、云计算、人工智能相融合的现代农业新业态。

（二）要素集聚"农业硅谷"初具雏形

5个科创中心多模式加大招商引智力度，截至2020年底，共有322个高水平科研团队、298家高科技企业、35支高质量基金入驻。**南京科创中心**通过组织推介会和海外招商活动，成功引进包括10个院士团队在内的50个高水平科研团队、100家高科技企业、3支高质量基金。**太谷科创中心**依托山西农大和山西农科院组建山西功能农业（食品）研究院等"四院八中心"创新平台，吸引30个高水平科研团队、20家高科技企业、5支高质量基金入驻。**成都科创中心**引进中国农科院都市农业研究所，引入山东寿光蔬菜产业集团和成都天投集团合作组建运营公司，与北京中环易达公司合作共建"都市智慧农场"，共吸引了93个高水平团队、86家高技术企业、11支高质量基金入驻。**广州科创中心**整合广州农村产权交易所资源建设数字港，搭建了"基因组学＋表型组学"创新育种平台、农村产权交易平台等10个要素平台；组建研究总院，下设18个分院；吸引51个高水平团队、62家高技术企业、14支高质量基金入驻。**武汉科创中心**依托"一核两翼三园多基地"的总体布局，促进技术集成、资源集约、企业集中、产业集聚，吸引了48个高水平团队、61家高技术企业、2支高质量基金入驻。

（三）基础建设逐步筑牢

5个科创中心所在地的省委省政府均高度重视科创中心工作，省级层面成立领导小组、协调出台政策、落实专项资金、营造良好生态，市级层面搭建建设主体，多渠道、多形式落实人员、经费、用地、用房，为科创中心快速发展打下坚实基础。**南京科创中心**建立了部省市联席会议制度，省委常委、南京市委书记亲自推动，将南京科创中心列为江苏省率先实现农业农村现代化的重要抓手。选址浦口区黄金地段建设核心区。省市机构编制部门在编制配置上给予倾斜支持，建设国有独资企业南京农创园科创投资集团有限公司，实行"管办＋公司"运行模式。**太谷科创中心**与山西农谷、晋中国家农高区"三块牌子一套人马"，省委书记、省长高度重视和关心科创中心建设发展，分管副省长挂帅担任管委会主任。组建神农科技集团，将太谷科创中心与山西农谷合二为一建设。太谷县拿出4 500亩土地用于核心区建设、500亩土地用于起步区建设。**成都科创中心**建立以省级联席会议制度、市级建设工作领导小组、县级园区（功能区）管委会为一体的三级协同推进建设机制。在天府新区黄金地段拿出284亩土地建设用地建设核心区。**广州科创中心**建立省级领导小组，2位省委常委担任组长，将科创中心建设列入省政府主要督办事项。选址省农技推广总站744亩占地建设科创中心核心区，落实7栋大楼1.6万平方米，采用租用方式落实20余处30万平方米众创空间、500亩高标准生产示范基地。**武汉科创中心**成立建设领导小组，加强对建设工作的组织领导。建设占地2 400亩的核心功能区高农生物园，集总部办公、研发中心、产业化基地、人才公寓等功能为一体，累计建设面积超过120万平方米。将武汉科创中心项目纳入湖北省政府专项债券项目储备库，联合中国农业发展银行等机构成立百亿规模农业科技产业基金。

(四)优良创新创业生态正在形成

5个科创中心不断创新支持保障政策,积极探索以企业为龙头合作组建运营公司、成立研究院,推行市场化运作模式,配套出台人才、金融、税收等优惠政策,构建了政府支持、企业主体、市场运作的长效机制。**南京科创中心**在南京创新名城"1+45"政策体系基础上,制定完善服务平台、重点实验室、公共技术、创业人才、新型研发机构和总部企业等6大方面18条支持政策。**太谷科创中心**出台《晋中市人才发展专项资金扶持山西农谷建设办法》等创新制度,推行企业投资项目无审批承诺制,借鉴浙江"最多跑一次"经验,筹备建设智慧政务系统。**成都科创中心**实施市委市政府出台"产业新政50条""人才新政12条""土地新政14条"等加大对主导产业重大项目的扶持力度。**广州科创中心**在各大媒体进行集中报道宣传,在省内21个地级市、11个院所、针对12 000家重点企业进行巡回宣讲,在省内乃至全国初步形成工作影响力、要素凝聚力和入驻吸引力。**武汉科创中心**整合武汉市和东湖高新区已有政策支持创新创业和企业发展,探索出台了《关于支持武汉国家现代农业产业科技创新中心建设发展的若干意见》,为农业企业创新创业、人才落户、成果转化、上市融资提供各类政策支持。

第二节　优化现代农业产业技术体系
提升服务产业能力

从2007年开始,农业部与财政部一道,以农产品为单元,以产业为主线,建设了从产地到餐桌、从生产到消费、从研发到市场各个环节紧密衔接、环环相扣、服务国家目标的现代农业产业技术体系,破解了以往靠单个课题、单个项目、个别单位无法解决的产业难题,取得了显著成效,有效提高了服务产业能力。

一、强化了体系定位与目标

体系以产业为主线,围绕产业链配置创新链,通过设置育种与种子种苗繁育、病虫或疫病防控、栽培与土肥、产后处理与储藏加工、机械与装备、产业经济等6大功能研究室以及综合试验站,遴选首席科学家、岗位科学家和综合试验站站长,有效实现了上中下游连接、多学科融合。体系上与国家的科技计划,下与农技推广、农民教育培训体系连接在一起,发挥了整体的功效,推动了农科教、产学研的紧密结合。

二、开展了体系结构调整优化

为深入贯彻落实创新驱动发展战略,做优做强体系,全面支撑农业供给侧结构性改革和绿色发展,体系明确了"十三五"期间的优化调整思路为"调结构、补短板、建机制、创品牌"。**调结构**,稳定粮棉油、肉蛋奶等大宗农产品岗站,加强果菜茶等重要农产品岗站建设，增加中药材等特色农产品体系建设。**补短板**，增加产地环境治理、农业废弃物利用、农机化、产品加工、疫病防控、质量安全等六大方向岗位设置和部分中西部综合试验站建设。**建机制**，联合行业司局对体系进行布局规划，由行业司局对体系提要求、定任务、做评价。**创品牌**，加强体系规范管理，完善集中力量办大事的科技组织模式，使体系成为财政支持科技创新的表率。

在体系总体布局上，将谷子糜子、高粱、芝麻、胡麻、向日葵、甘蔗、甜菜 7 个体系合并成谷子高粱、特色油料、糖料 3 个体系；新增特色蔬菜、中药材、绿肥作物、藻类 4 个体系，保持体系 50 个数量不变。在产地环境治理、废弃物综合利用、农机化、加工、疫病防控、质量安全等方向增补部分岗位科学家，重点在西部和贫困地区增补部分综合试验站。2019 年，根据土壤污染防治、智能农业发展和绿色投入品开发对科技的现实需要，在种植业体系中增加土壤和产地环境污染管控与修复岗位和土壤与养分管理岗位，在大田作物、果蔬作物和重要动物体系中增加信息化技术岗位，在果蔬体系中增加绿色农药创制岗位。

三、取得了显著建设成效

（一）引领了产业技术转型升级

"十三五"期间，通过突破共性技术、集成关键技术、熟化配套技术，国家产业技术体系共研发了 1 100 多个新品种、4 200 多项新技术、740 多项新工艺新产品新装备，奠定了产业提升的科技基础。促进水稻优质化率超过 49％，小麦优质专用化率达到 36％；实现大面积示范水稻亩节本 100 元、玉米亩节本 120 元、油菜亩节本 240元；推动苹果、蔬菜、茶叶等经济作物改善品质，促进化肥农药使用量实现负增长。

（二）推动了产业面貌变革

引导科技成果向主产区集成，推动品种结构、品质结构优化调整，促进生产方式重大转变。柑橘体系针对以往品种单一、2 个月集中上市等发展瓶颈，优化了柑橘优势种植区域布局，实现了早、中、晚熟品种配套，突破了苗木繁育、果实留树保鲜等关键技术，确保了 9 个月鲜果供应，彻底改变了柑橘产业落后面貌。河南正阳县是中国花生和花生生产加工机械的交易中心，花生体系在正阳县围绕全产业链系统开展品种更新、轻简栽培、机械收获、精深加工等新技术集成推广，延长和提升正阳县花生全产业链，推动一二三产业深度融合，使花生成为正阳县脱贫的第一大支柱产业。

（三）提高了产业竞争力

以培育自主品种、保障种业安全为出发点，加快核心种质遗传改良进程，提高优良品种国产化率，降低品种对外依存度。蛋鸡和肉鸡体系针对生产用种 80％依赖国外的现状，加强育种、繁殖和高效生产技术攻关，培育出京红、京粉系列自主蛋鸡品种和京海黄鸡等自主肉鸡品种，市场占有率均由 20％提高到 50％以上。肉牛体系加强云岭牛、秦川牛等地方品种改良，培育出高品质杂交组合，集成了阶段差异化饲喂、粗饲料营养调控等技术，企业生产出品质与日本和牛相当的雪花牛肉。水禽体系加强联合攻关，培育出北京鸭配套系，仅 1 家龙头企业就实现 2018 年出栏量超过 8 亿只，节约国外引种费 1.5 亿元。

（四）提供了决策咨询和应急服务

国家产业技术体系积极服务于国家战略需求，"十三五"期间，向政府部门和行业部门提供产业发展政策建议、调研咨询报告等 4 500 余份，其中获省部级以上领导批示近 400 份，被地方政府和企业采纳 3 400 份。体系专家第一时间参与南方水灾、东北台风等恢复生产技术指导服务逾 2 万人次，提出应急预案和技术解决方案近 1 000 个，支撑保障了农业稳产增产。

（五）积极引导地方创新团队建设

"十三五"期间，全国有 20 个以上的省（自治区、直辖市）建立了现代农业产业技术体系省级创新团队，由省级财政设立专项经费稳定支持，针对地方特色作物、产业发展特点和关键技术需求，设立作物和畜禽品种单元。现代农业产业技术体系省级创新团队是国家体系的延伸和重要组成部分，在目标任务上互为补充和支撑，在现代产业技术体系的完善和发展中发挥了不可或缺的重要作用。

北京市创新团队由产业技术研发中心、综合试验站和农民田间学校工作站三个层级构成，按照北京市农业产业发展功能定位设立 10 个创新团队，包括 10 位首席、165 名岗位专家，47 个综合试验站，95 个农民田间学校工作站，形成了跨学科多层次的协同创新专家队伍。河南省参照国家体系建设方案，建立了符合河南省情的农业科技创新组织模式，省级创新团队实现了创新方向、队伍、经费的"三个稳定"，过去 5 年，省级创新团队专家累计研发 269 个作物新品种，约占省内同期总数的 1/3，产量、质量和抗性优势突出。云南省在"十三五"期间，按照当地多样化的特色产业和生态类型，增建蔬菜、花卉、水果、茶叶、咖啡、橡胶、草、肉牛、肉羊、禽蛋、淡水鱼、畜禽粪便资源化利用、麦类、中药材等 14 个体系。同时，省级体系在研究任务上与国家体系协作攻关成效显著。油菜体系在云南省临沧市临翔区协作进行高产潜力研究和技术模式推广，国家、省、市、县、乡联合开展品种、栽培、土肥、植保和机械化生产关键技术集成示范。田间测产亩产量达到 456 公斤全国纪录，连片平均亩产 275 公斤，远高于全国平均亩产 140 公斤水平。

第三节　推动建设科技创新联盟　提升科企融合能力

2014 年底开始，农业部启动建设了国家农业科技创新联盟，开展了通过机制创新推动农业科技协同创新的生动实践，取得了显著成效。

一、强化了联盟目标定位

国家农业科技创新联盟建设，旨在充分发挥集中力量办大事的制度优势，打破部门、学科、区域界限，推进上中下游紧密衔接，各学科协同攻关，搭建分工协作"一盘棋"农业科研工作新格局、创建覆盖上中下游的"一条龙"农业科研组织模式、构建多学科集成的"一体化"农业科技综合解决方案,切实改变单个学科、单项技术、单兵作战的格局,凝聚强大合力、共同解决现代农业发展的重大技术瓶颈。

二、创新了联盟建设机制

截至目前,联盟建设积极推进,探索了一些成功的做法,在科技创新、机制创新和集成应用等方面取得了积极成效。

一是聚焦"三个一"的创新目标,形成创新合力。瞄准一个产业问题。每个联盟着力解决产业的某一个重大问题而不是所有问题,比如小麦赤霉病防控、东北玉米秸秆综合利用、谷物收获机械等联盟。**凝练一个科学命题**。联盟聚集不同科技创新主体,围绕一个产业技术重大科学命题进行联合攻关,比如秸秆还田关键技术与装备、黑土地深厚熟化耕层构建等。**打造一个创新团队**。联盟内部各单位、各领域、各学科专家和用户"同唱一出戏",围绕共同的创新目标和重点任务,形成整体作战、协同攻关的"集团军"。

二是搭建三大创新平台,理顺运行机制。搭建多学科协同的平台,通过联盟有效改变了单个学科、单项技术、单兵作战的格局,引导了不同学科交叉融合、集成创新。搭建科企合作的平台,建立了37个企业牵头的联盟,引导优势科技资源向企业集聚,有效解决了科技创新和企业需求脱节的问题。搭建上中下游衔接的平台,围绕产业链部署创新链,有效解决了科技创新中基础研究、应用研究和集成示范割裂的问题,有利于推动实现从科学研究、实验开发到推广应用的三级跳。

三是发挥联盟的"三个优势",促进成果集成应用。在一个平台上集成示范,充分依托联盟内部成员单位现有试验示范基地和成果转移转化平台,坚持在一个地方搞试验、一块田里搞创新、一个平台上搞集成。**在一个县域内转化应用**,联盟成果在一个县域范围内,进行中试、熟化和集成配套,促进了联盟技术成果的落地生效,为大范围推广应用做出样板。**在一个问题上集中会商**,联盟把技术成果的研究方、提供方和需求方、使用方集中到一起,共同研究会商,让研究者及时纠错纠偏的同时,从机制上打通了成果与应用之间的通道。

三、取得了显著的建设成效

"十三五"期间,有51个农业科技创新联盟通过认定,其中标杆联盟20个,并且16个标杆联盟实现了实体化运行。参与联盟建设的单位和企业上千家,形成了各具特色的协同创新模式,切实改变了供需分离、各自为战、低水平重复的格局。"十三五"期间,联盟建设取得了一系列进展和成效。

(一)建立起了支撑发展的"创新联合体"

联盟均以产业化龙头企业或优势科研院校牵头,通过科企深度融合,紧紧围绕促进农业农村高质量发展、农业供给侧结构性改革、产业转型升级与提质增效等目标任务开展协同攻关,致力打造成为支撑引领行业或区域发展的新标杆、新平台。"十三五"期间,构建了农业大数据、农作物种质资源等全国资源共享的"一盘棋"格局,使农业资源流动"活"起来了,资源利用效率"提"起来了,自主创新能力"强"起来了;建立了棉花产业、水稻分子育种等全产业链布局的"一条龙"实体化运行模式,打通创新链产业链各主体、各环节和各领域之间的通道;提出了东北地区玉米秸秆利用、黄淮海麦区控水提效等"一体化"综合解决方案,实现技术集成、方案综合、效果叠加。

（二）理顺了联盟市场主体的"生产关系"

实体化是联盟机制创新的主要途径,也是联盟作为独立市场主体法人化运行的必由之路。"十三五"期间,共推动12家联盟实现实体化运营,促进了科研教学单位和企业的深度融合,加快了企业的技术创新、产品创新和模式创新,实现了科技与产业、科学家与企业家的紧密结合。例如,奶业联盟成立了非营利法人的2个联盟实体,并发布了《特优级生乳》等8项团体标准,解决了联盟技术标准没有法律地位的难题。水稻商业化分子育种联盟采用法人股份和自然人股份混合的模式,由部分成员单位和部分联盟科学家自然人共同投资成立了一个新公司,构建起面向联盟需求的全新商业化育种体系及平台。渔业装备联盟整合了国内外绿色渔业船舶装备尖端资源组建了新公司,在新材料新能源渔船领域里构建了从设计、监理、监造、检测到供应链、金融、市场及政策信息一体化的社会化服务综合体和产业集群。

（三）成为了产业变革的"主要推手"

坚持目标导向和问题导向相结合,通过集聚优势力量和科技资源、获取产业信息、集聚产业人才、服务产业需求、构建产业网络等途径,联盟聚焦解决产业重大问题,开展"集团军式"大联合、大协作,形成可复制、能推广、有实效的产品、技术、模式,引领产业转型升级和提质增效。例如,**棉花产业联盟**联合7个优势团队开展棉花全产业链技术攻关,建立"CCIA"（国家棉花产业联盟）品牌,通过订单式生产显著提升高端品质棉花规模化生产水平,实现"优质优价、优棉优用"。**奶业联盟**围绕我国奶业产品核心竞争力不足等问题,联合20个优势团队,协同开展优质乳产品重大技术创新,加快国产奶优质化进程,已经有25个省份51家乳品企业自愿实施优质乳工程产品升级和改造示范。**高效复合肥联盟**开发集成包括"基础化核心试验—标准化核心示范—规模化示范推广"等环节、贯穿整个产业链条的新产品及配套技术60多种,各类新型肥料产品和高效应用技术累计示范推广400余万亩。

（四）建立了引领绿色发展的"典型模式"

联盟聚焦农业发展方式转变和区域性重大关键产业问题、技术难题,先后成立了诸如高效复合肥料、高效低风险农药、化肥减量增效、乡村环境治理、天敌昆虫、东北黑土地保护、华北地下水超采区节水增效、南方稻区重金属污染防治、热区石漠化山地绿色高效等联盟,充分发挥集成创新、协作推广、联合服务的优势,加快节本增效、质量安全、生态环保等技术研发与集成应用。**高效复合肥料联盟**围绕产业关键问题，联合 10 多个优势团队，协同开展绿色、低成本缓控释肥产业化关键技术攻关，开发集成新产品及配套技术 60 多种，有力支撑了化肥减量增效。**天敌昆虫联盟**以天敌产业链条为纽带，充分发挥产学研融合优势，创制了 23 种天敌昆虫产品，天敌年生产能力超过一万亿头，占我国天敌产品市场的 95％。**东北玉米秸秆综合利用联盟**针对玉米秸秆综合利用率低、秸秆焚烧造成污染环境等问题，着力推进玉米秸秆肥料化、饲料化、能源化、基质化"四化"关键技术研究与示范，有效促进秸秆综合利用产业化开发。**乡村环境治理联盟**针对我国北方寒冷、西北干旱等地区改厕需求，合力集成 6 大改厕技术模式，为改善乡村生态环境和人居环境提供了有力技术支撑。

第四节　规划建设学科群　提升原始创新能力

为进一步满足产业发展的科技需求，农业部自 2012 年开始，开创性地探索实践了"学科群"的建设思路，实现了重点实验室由"一个一个建"向"一群一群建"的转变，逐步构建起以水稻、小麦、玉米等品种创新为主线的 11 个"纵向"学科群重点实验室，以现代农业装备、农业信息技术等共性技术创新为主线的 26 个"横向"学科群重点实验室，形成了由 42 个综合性重点实验室为龙头、335 个专业性（区域性）重点实验室为骨干、269 个科学观测实验站为延伸的学科群重点实验室体系，从学科、区域、产业三个维度向农业主产区集成延伸，形成了一个纵横交错的农业科技平台纽带和创新网络，在条件能力、体制机制等建设方面，取得了显著成效，有力支撑了我国农业科技创新不断取得新成效。

一、增强了农业科技自主创新能力

农业农村部学科群重点实验室以加强基础研究、技术攻关和集成创新为着力点，在人才培养、科技创新等方面取得显著成效。**高端人才集聚效益明显**。农业农村部学科群重点实验室固定科研人员超过 2.3 万人。其中，具有高级职称人员占比超过 60％，与 2016 年相比，数量增长了 20％以上；中国科学院院士、中国工程院院士、发展中国家科学院院士、欧洲科学院院士等 67 人，比 2016 年增长了 18％；累计培养博士及博士后 1 万余人，为我国基因组学、动物疫苗等领域的科研水平迈入国际先进行列提供了骨干支撑。**创新成果不断涌现**。"十三五"以来，重点实验室（站）承担国家级农业科研项目数比 2016 年提高了 18％，承担地方农业科研项目数与 2016 年相比，增加了近一倍。获得省部级以上奖励超过 3 000 余项。**产业支撑能力日益提高**。围绕产业发展需求，组织开展了重大关键、共性技术研究，为农业发展提供了新理论、新技术和新方法。比如，水稻生物学与遗传育种重点实验室研究团队首次获得了杂交稻的克隆种子，实现了杂种优势固定研究领域"从 0 到 1"的重大突破，为杂交种自我繁殖系统的发展奠定了基础。

二、提升了农业科技创新条件能力

2012 年以来，国家发改委批复农业农村部学科群重点实验室条件能力建设项目 412 项，累计投入中央财政经费 29.2 亿元，建设综合性重点实验室 26 个、专业性重点实验室 196 个、农业科学观测实验站 190 个。截至目前，农业农村部学科群重点实验室总面积达到 748.98 万平方米，试验地总面积为 119.96 万亩。其中，自有试验地面积为 101.41 万亩，租用试验地面积为 18.55 万亩。科研仪器设备总价值约 173.16 亿元，其中 10 万元以上设备 3.2 万台套，其数量与 2016 年相比翻了近一倍，切实增强了科研装备和基础设施水平，一大批重点实验室创新条件能力已达国际先进水平。

三、完善了协同创新的体制机制

学科群重点实验室体系坚持"开放、流动、竞争、联合"的原则，不断完善"分工协作、学术交流、资源共享、牵头管理和动态考核"五大运行机制，构建了形式多样的信息交流渠道和统一规范的网络管理平台，整体运转效能和管理水平大幅提升。制定学科群建设方案，确定综合性重点实验室、专业性重点实验室和科学观测实验站的研究定位、任务分工。设立开放课题，促进学科群内部学术交流、各单位联合攻关。建立重点实验室信息管理平台，促进学科群内研究材料、方法、技术、数据、信息的共享使用。实施《学科群工作规则》，明确学科群内群主牵头管理的运行制度和管理体系。修订重点实验室管理办法，初步建立重点实验室动态考核评价体系。

统筹推进重大农业科学工程、重点学科实验室、科学观测站及科学试验基地等各类平台建设，实现了研究能力布局的显著优化，加快推进了全国性、区域性农业科技资源的优化整合，着力打造并加快形成了具有中国特色的现代农业科技新平台。**在技术创新平台方面**，建设了 157 个国家农作物改良中心和分中心、种质资源库（圃）、国家工程技术研究中心 84 个、国家工程研究中心 7 个、国家工程实验室 25 个等一大批创新平台，促进了农业应用基础研究和关键共性技术研究平台发展。**在科学研究平台方面**，建设了农作物基因资源与基因改良重大科学工程、国家农业生物安全科学中心、国家动物疫病防控高级别生物安全实验室等重大科技基础设施 3 个，农业领域国家重点实验室 51 个，推进了农业基础研究与原始创新。

中国农业科技管理研究会作为农业农村部主管的社会组织，汇集了全国 1 000 多家农业科研院所和 40 多所涉农高校的科技管理工作者，"十三五"期间以"提升农业科技管理水平，加快推进实现农业科技现代化"为宗旨，充分调动广大农业科研及教学单位积极性，定期组织科技管理人员开展专题学术交流，在农业科技体制机制改革、农业科技创新能力提升、科技助力脱贫攻坚等方面，研究提出宝贵意见建议，供管理部门和决策部门借鉴参考。同时，以中国农业科技管理研究会为平台和纽带，凝聚全国农业科技管理工作者共同研究探讨农业科技发展及管理的重大问题，推动协同创新、联合攻关，共同解决区域及产业中的重大问题。

第五节　强化农技推广培训体系　提升转化支撑能力

"十三五"以来，农业农村部以满足现代农业发展对科技服务的迫切需求为出发点，强化基层农技推广体系改革与建设和高素质农民培育，全力打造农业科技服务工程，有效提升了转化支撑能力。

一、创设了三大机制提升了农技推广服务效能

创新增值取酬机制，激发人员活力。在全国 13 个省 36 个县（市、区）试点实施，通过双向选择派驻部分农技人员进入新型农业经营主体，开展技术服务和技术咨询等服务的方式探索农技人员提供增值服务合理取酬机制，试点期间共有 161 名农技人员通过与新型经营主体建立对接服务关系提供增值服务，获取收益 171 万余元。提升了农技人员的服务动力，也增强了农技推广服务的针对性和服务效果。

创新融合发展机制，促进形成合力。探索建立政府引导下的"公益性机构＋社会化服务组织"融合发展的运行机制。在四川、宁夏等地采取共建平台、合署办公、协议服务等多种形式，为社会化服务组织提供政策、技术、信息等资源，引导其参与共同搭建"一站式"农业社会化服务平台，提供全程农业生产"一条龙"技术推广服务，形成了与基层农技推广机构互为补充的农业技术服务新模式。

创新绩效考评机制，提升服务能力。建立部省联动、全程实施的基层农技推广体系改革与建设工作绩效管理机制，加强任务进展情况调度、工作监督和绩效考评，强化财政资源配置效率。通过线上与线下相结合、定性与定量相结合等方式，委托第三方对基层农技推广补助项目实行全程化全覆盖绩效考评，提升了重点任务实施成效，促进了农技人员履职尽责。

二、实施了三大计划形成了立体化农技推广新格局

实施引领性技术集成示范计划，促进产业提质增效。以支撑引领农业高质量发展为目标，深入实施创新驱动发展战略和"藏粮于地、藏粮于技"战略，开展基于北斗导航的智慧麦作技术、集装箱生态高效养殖等重大引领性技术集成示范，通过组建高水平指导团队，打造高标准示范样板，建立政产学研推用多方主体横向联动、纵向贯通、立体协同的工作机制，实现集成熟化、示范展示、推广应用无缝连接，切实发挥引领性技术在推动产业增效和农业转型升级的重大带动作用。

实施重大技术协同推广计划，增强区域重大技术供给。支持在吉林、内蒙古等 12 个省（自治区、直辖市）开展农业重大技术协同推广计划，构建需求关联和利益联结机制，广泛集聚各类力量，推动"省市县"上下协同和"政产学研推用"左右协同，覆盖水稻、食用菌、猕猴桃、肉牛等 43 个产业，聚集 340 个科研教学单位、309 个推广单位以及 317 个企业、合作社、家庭农场等新型经营主体的 2 100 多名骨干人才，

示范推广水稻生态共生、绿豆机械化生产、肉羊高效健康养殖等 130 多项重大技术，全方位提升了农业科技服务的供给能力和效率。

实施农技推广服务特聘计划，助推特色产业发展。每年通过政府购买服务等支持方式，从农业乡土专家、种养能手、新型农业经营主体技术骨干、科研教学单位一线服务人员中招募特聘农技员，招募的特聘农技员超过 4 000 名，生猪大县招募特聘动物防疫员 8 800 余人，实现贫困县和生猪大县特聘计划全覆盖。为县域农业特色优势产业发展提供技术指导与咨询服务，为贫困农户从事农业生产经营提供技术帮扶，提升农技人员专业技能和实操水平，为地区特色产业发展、产业扶贫提供科技帮扶。

三、多措并举推动高素质农民培训成效显著

巩固脱贫攻坚成果和全面推进乡村振兴，农民是主体，人才是关键。"十三五"期间，农业农村部围绕"谁来种地""谁来兴村"问题，联合财政部实施高素质农民培育计划，坚持"需求导向、产业主线、分层实施、全程培育"思路，重点面向从事适度规模经营的农民，分层分类开展全产业链培训，加快构建有文化、懂技术、善经营、会管理的高素质农民队伍。五年间，中央财政累计投入 91.9 亿元，支持各地分类开展农民教育培训，全国累计培育高素质农民超过 500 万人。高素质农民在保障国家粮食安全和重要农产品生产，带动农民增收致富等方面发挥了重要作用，成为发展现代农业和振兴乡村的主力军。

农民教育培训基础条件不断夯实。健全完善农民教育培训信息管理系统，根据产业发展和农民需求，组织入库 10.3 万名师资和 1.8 万个实训基地，供各地遴选使用。制定分层分类分模块培训规范和标准，推介了一批优秀课程和精品教材。稳步推进全国农业科教云平台运营推广工作，开发"云上智农"学习平台，为农民提供在线学习、在线咨询、成果速递和线上考核等服务。

农民成才途径不断拓宽。大力开展高素质农民培育计划，以提高生产经营能力和专业技能为目标推动农民技能培训，有效提高农民产业技能水平。2019 年启动高素质农民学历提升行动计划，着力构建短期农民培训与中长期农业职业教育相互衔接、互融互促的新型农民教育格局。河北在报名期间实行联合办公机制，各县（市、区）集中设置报名点，相关部门明确专人负责。江西、湖北、福建等省结合本省"一村一名大学生计划""万名农民学历提升计划"等项目细化农民培养方案。

农民全面发展能力不断提升。紧紧围绕促进产业兴旺目标任务，以家庭农场经营者、农民合作社负责人等为重点，培育各类新型经营服务主体带头人、现代青年农场主、创新创业青年、农业经理人等超过 208 万人。陕西省认定的高素质农民有近 70%来自新型农业经营主体或创办了新型农业经营主体，有近 40%常年从事或投身于农业先进科技知识传播，有近 15%从事农业社会化服务工作。

农民创业兴业能力不断增强。2016 年以来，连续开展农民教育培训"百名优秀学

员"等资助活动，涌现出一大批高素质农民典型。各地以培训为纽带，不断引导参训农民交流合作，依托协会、联盟等组织协作发展，帮助农民兴业创业。目前，陕西省共成立了 37 个职业农民协会，共吸纳会员 1 万余名。湖北等省积极举办农民创新创业大赛，展示高素质农民素质能力和双创成果。湖南省创业培训学员带动普通农民户均增收 5 000 元。河南省农民教育培训的学员中，有 45 人被评为"全国青年致富带头人"，36 人获得全省创业创新大赛奖项，4 人获得省"五一劳动奖章"等。

第六节　大力实施科技创新工程　提升自主创新能力

农业科研事业具有明显的公益性、基础性和长期性，财政的稳定支持是保障农业科技创新、培养人才队伍的必要条件，"十三五"期间，中国农业科学院和地方农业科研单位积极争取财政专项支持，着眼于促进科技创新和提高科研人员的积极性，研究专项管理办法，明确目标任务，整合团队资源力量，在创新机制和项目管理上进行了有益的探索和采取了多项举措。

一、中国农业科学院全面实施农业科技创新工程

中国农业科学院作为农业科技创新的国家队，根据新时期我国农业农村经济发展形势，提出并创建了中国农业科学院科技创新工程。创新工程实施的是以"服务产业重大科技需求、跃居世界农业科技高端"为使命，以"建设世界一流农业科研院所"为目标，以提高科技创新能力为统领，以学科体系建设为主线，以突破重大科技命题为导向，突出体制机制创新，调整优化人才团队，着力提升基地平台能力，巩固拓展国际合作空间，全面提升以学科体系为基础的创新能力。

创新工程系统考虑产业需求、国际前沿和研究基础，顶层设计"学科集群—学科领域—研究方向"三级学科体系。围绕学科体系，重点提升创新能力，主要开展以下四项工作：**持续开展科技攻关**。按照学科发展方向和重大科技创新需求，坚持基础研究选项与重大技术攻关相衔接，科学选择科研任务，明确各研究方向内若干个重点任务，长期稳定开展研究活动。跨学科方向凝练战略性、长周期、大协作的重大科技命题，开展联合攻关，寻求重大突破和提升。**调整优化人才团队**。科学设置科研、技术支撑和管理三类岗位序列。根据学科体系重点研究方向，一个重点研究方向组建一个科研团队，每个科研团队由首席科学家、骨干专家和研究助理组成。**建设完善科研条件**。按照"综合性与专业性基地并举，院地共建与共享相结合"的原则，在农业主产区和典型农业生产生态区域，重点建设北京通州、河南新乡、海南三亚等综合性试验基地，加强重大科技设施、科技平台和仪器设备的共享共用。**拓展国际合作空间**。把握世界农业科技发展趋势，围绕学科建设，广泛深入开展国际合作。加强农业遗传资源、智力、技术及其标准的引进。建立一批国际联合实验室和联合研究中心，加强科技资源战略储备。

二、自主创新能力迈上了新台阶

学科体系持续优化。进一步聚焦重点领域和重点方向，适应新时代农业科技发展需求，中国农业科学院形成"9大学科集群—57个学科领域—302个重点方向"，部署一批亟须开辟的新兴交叉学科领域及重点方向，增补一批支撑引领乡村振兴与绿色发展的学科领域及重点方向，推动院所发展目标和创新方向更加聚焦国家战略和产业发展需求。

区域力量布局开创新局面。系统整合全院科技力量向主产区和典型区域聚集，不断加大区域中心建设力度，形成了建设提升一批、筹建推进一批、积极谋划一批的梯次建设新格局，构建了研究所＋区域中心的学科力量优化布局新机制。西部农业研究中心、成都农业科技创新中心、国际农业食品科学中心、北方水稻中心等四大区域中心，在建设过程中积极开展管理运行机制创新，"边建设、边科研、边出成果"，有效支撑服务了所在区域的农业农村现代化建设和乡村全面振兴，切实发挥了农业科研国家队的骨干引领作用。烟台中心前期规划研究有序推进，雄安新区、东南、中部等新区域中心布局正在谋划，覆盖全国农业主产区、生态区和创新区的区域布局框架正在形成。

国家南繁研究院建设加速推进。贯彻落实习近平总书记关于建设"南繁硅谷"的指示精神，中国农业科学院谋划提出建设"南繁国家实验室"建议，布局五大功能中心、六大科研平台、九大基建项目，实现南繁在时空、学科、管理、服务、组织上的五大转变。与三亚市人民政府、海南省农业农村厅、南繁科技城有限公司签订了共建国家南繁研究院的合作协议书，明确了建设目标、合作内容与分工。

高质量科研产出加速涌现。"十三五"期间，中国农业科学院共获国家科技奖励36项，在全国农业领域占比26％。高水平科技论文年均增长10％以上，其中发表99篇顶尖论文（影响因子大于10）。一批学科领域迈向世界第一梯队。陆续增补了作物组学技术、作物生物信息学、基因编辑、合成生物学、农业大数据、智慧农业、循环农业、乡村环境等新兴前沿与薄弱学科，推动项目、平台、人才等优势资源向新兴交叉学科集聚。

三、省级农业科研单位积极推进创新工程

为发挥省院对地方农业农村发展的科技支撑，强化农业科研的基础性、长期性功能，全国部分省（自治区、直辖市）农科院争取到了地方财政的稳定支持。以需求为导向，以服务产业为目标，由省院确定研究方向，由科研人员自主选题，长期稳定支持，持续开展科学创新和技术研发。目前，在全国各省级农科院系统，包括北京、河北、山西、内蒙古、辽宁、吉林、黑龙江、上海、江苏、福建、江西、山东、河南、湖北、湖南、广东、广西、海南、四川、贵州、云南、甘肃、宁夏、新疆等24个省（自治区、直辖市）设立了稳定支持的财政专项资金开展科技创新与服务。

江苏省 2007 年开始就设立了"农业科技自主创新资金",由省财政厅、省农科院共同组织实施,专项资金已由 2007 年的 1 500 万元增加到了 2017 年的 1.45 亿元;同时,设立了"亚夫科技服务项目",专项支撑科技服务工作开展,取得显著成效。山东省 2016 年启动了"农业科技创新工程",省财政稳定支持山东农科院 41 个创新团队开展农业科技创新。"十三五"期间农业技术创新成果呈现趋增态势,在品种培育、种养模式、产品创制等方面取得了一批拥有自主知识产权的重大科技成果,建立了一批引领性农业科技示范样板,创造了显著的社会经济生态效益,为山东乃至黄淮海区域农业转调升级提供了有力的科技支撑。广东省 2018 年开始设立科技创新战略专项,支持人才引进与培养、团队建设、农业科研等,旨在持续培养一批适应广东省农业产业升级需要的学科团队,组建一批农业科技前沿领域、广东省农业产业升级或社会发展急需的新兴人才队伍。内蒙古自治区设立的"内蒙古农牧业创新基金项目",在牛羊健康养殖繁育及疫病防控技术、农畜产品加工、生物技术在动植物育种中的应用以及农牧业科技平台建设与人才培养等方面提供了重要的保障。宁夏农林科学院落实自治区党委政府对科技创新和"三农"工作的决策部署,设立了科技创新引导项目,每年投入大约 6 000 万元用于支持基础研究和重大关键共性技术研发、全产业链创新示范项目、重大科技平台提升项目、对外合作交流项目以及科技成果转化项目。

第七节　升级国际合作平台　提升国际影响力

"十三五"期间,农业科技国际合作工作蓬勃发展,合作机制不断完善、合作平台稳步推进、技术交流逐步深入、人才建设量质齐升,整体成效显著,有效支撑了农业科技核心竞争力的提升。

一、国际合作布局不断优化

积极加强全球布局,扩大农业科技国际合作朋友圈。**一是双边合作形成机制**。在与 150 余个国家和地区建立合作关系的基础上,与美国、加拿大、德国、法国、日本、俄罗斯、欧盟等 60 多个国家和地区建立了双边农业科技对话机制,经常性召集会议,商议合作重点。**二是多边合作不断扩大**。先后与联合国粮农组织(FAO)、国际植物新品种保护联盟(UPOV)、国际农业研究磋商组织(CGIAR)、国际应用生物科学中心(CABI)等国际组织和机构,建立了有效交流沟通机制。积极参与 G20 农业首席科学家会议、欧盟地平线 2020 计划、亚洲太平洋经济合作组织(APEC)农业技术合作工作组、中非合作论坛、中国东盟农业合作等多双边交流活动,并发挥了日益重要的作用。**三是国内协作陆续展开**。探索形成了全国农业科研院校抱团式国际合作模式。如中国农业科学院牵头成立了全国农业科技"走出去"联盟;中国水产科学研究院牵头成立了"渔业科技国际合作联盟";中国热带农业科学院牵头成立了"中国热带农业对外合作发展联盟"。依托省级农业科研机构,建立了促进人员交流、信息共享的区域性合作平台。如中国（广西）—东盟农业科技创新中心、南亚东南亚农业科技辐射中心（云南）等。

二、国际交流平台建设稳步推进

积极推动全国农科院系统共建各类农业科技国际合作平台220余个，在促进交流合作、提升创新能力中发挥了重要作用。**一是合作国别不断拓展**。既有与美国、德国、法国等发达国家共建的联合实验室，也有与巴西等发展中国家共建的联合研究平台，与东盟、非洲等"一带一路"国家共建的技术示范中心。**二是合作机构种类多样**。既有与国外41个国家的科研机构建立联合实验室或研发中心，也有与世界卫生组织（WHO）、联合国粮农组织（FAO）、世界动物卫生组织（OIE）等14个国际组织共建的国际参考实验室（中心），以及国外10个私营公司共建的联合研发平台，有效提升了与国际优势力量的协同创新水平。**三是合作领域覆盖广泛**。涵盖了作物、园艺、畜牧、兽医、植保、资源环境、机械工程、农产品质量与加工和农业信息与经济、水产养殖、热带农业等重点学科。这些联合实验室对于我国主动融入全球农业科技创新网络、培养具有国际视野的农业科技领军人才、提升我国农业科技协同创新能力发挥了重要作用。

三、农业科技"走出去"取得新进展

在平等互利、尊重知识产权的基础上，我国农业技术国际交流有序推进，取得了良好的经济社会效益。**一是推动农业科技"走出去"，助力"一带一路"建设**。向亚、非、美、欧等地区的28个国家输出杂交稻、杂交玉米和蔬菜等农作物种子、罗非鱼等水产苗种，农业病虫害防控、设施园艺、饲料生产、水产养殖等技术和产品。"十三五"以来，举办各类援外技术培训班300多期，为100多个国家培训各类农业人才10 000多人次，培养了一大批对华友好并对双边交流有益的农业管理和技术人才。**二是强化了学术交流机制**。"十三五"期间，全国农科院系统共主办国际会议350余次，进一步拓宽了农业科技国际合作的渠道，为组织国际大科学计划奠定了基础。**三是组织开展对发展中国家的援外培训**。针对"澜湄国家"和中亚五国举办植物新品种保护国际培训，惠及越南、柬埔寨、哈萨克斯坦等10多个周边国家，为"一带一路"沿线国家品种保护的建立提供帮助。

四、国际化人才队伍建设量质齐升

注重农业科技人才的引进来和走出去，成效突出。**一是派员出国深造，加强本土国际化人才培养**。"十三五"期间，派出120位农业农村部遴选支持的农业科研杰出人才赴国外研修；全国农科院系统累计派出科技人员800人次，赴国外开展为期半年以上的深造。**二是国际组织任职，积极参与国际体系治理**。2019年，农业农村部科技发展中心的专家当选为国际植物新品种保护联盟（UPOV）理事会副主席，深度参与植物新品种保护的国际规则制定，对中国植物新品种保护以及种业创新发展起到积极促进作用。目前，全国农科院系统中约 250 人在国际学术组织担任高级职务，在知名国际期刊中担任主编、副主编、编委等职务的约 300 人，提高了在国际领域的知名度和话语权。**三是引进外国专家，开发国际人才资源。**"十三五"期间，依托外专局引智专项，引进约 370 位外国专家来华工作。同时，设立特聘专家、客座专家、特聘院士等岗位，全国农科院系统单位累计引进外国科学家超过 600 人次。其中有 7 名外国专家获得"中国政府友谊奖"。

第三章 成 果

我国农业农村科技发展始终坚持面向世界科技前沿、面向经济主战场、面向国家重大需求、面向人民生命健康，不断向科学技术广度和深度进军；在创新重点上，坚持问题导向、目标导向、产业导向，坚持打好关键核心技术攻坚战。"十三五"期间，农业农村科技发展成绩斐然，**农业高新技术产出加快、农业科技成果产出加快**，多领域实现重大技术突破，部分技术成果对全球农业科技发展产生重要影响，引领我国农业科技创新整体水平迈入世界第一方阵，同时为构建新发展格局、推动高质量发展和实现人民高品质生活提供了重要支撑。

第一节 高新技术发展影响世界农业科技

一、农业转基因生物研究整体水平跃居世界前列

"十三五"期间，我国农业转基因生物研究取得了一批重大标志性成果，形成了拥有自主知识产权的关键基因、核心技术和产品的研发格局，在国际转基因生物研究中发挥了重要作用，大幅度缩小了与发达国家的差距，具备了参与国际竞争的能力。"十三五"期间，我国共育成转基因抗虫棉新品种 188 个，在降低棉籽棉酚含量的专用棉育种领域取得重要进展，成为拥有自主知识产权转基因棉花的研发强国；此外，我国在国际上首创的高孵化率雌蚕无性克隆系与平衡致死系杂交，育成了专养雄蚕的新品种，已经推广并产业化，稳固了我国在蚕桑育种技术领域中的领先地位。在基因克隆和转基因技术领域，打破了发达国家和跨国种业集团的垄断。"十三五"期间，我国农业领域已克隆不同来源的功能基因 4 904 个，其中具有重大育种价值新基因 292 个，已有 58 个基因应用于育种中，特别是在玉米、棉花、大豆、花生等作物的育种中，如全球首个大豆长童期性状调控基因 J（$GmELF3$）的克隆和功能研究，对拓展全球大豆品种种植区域、实现低纬度短日照地区大豆高产具有重大意义；抗旱花生品种 J11 的 $FAR1-5$ 基因的克隆，为花生抗旱育种提供了新的基因资源。

专栏1 我国克隆出全球首个大豆长童期性状控制基因J（GmELF3）

"十三五"期间我国科学家在热带大豆适应短日高温环境的分子机制研究中取得突破性进展，他们克隆出了全世界研究者们寻觅了近半个世纪的大豆长童期性状的控

制基因 J（GmELF3），并揭示了 J 基因在中国、美国和巴西大豆品种中的分布规律。J 基因的克隆是我国科学家在大豆光周期调控开花这一重要研究领域独立完成的重大成果，为将中高纬度地区的优良大豆品种改造成可在热带亚热带地区种植的材料提供了可靠的技术依据，对拓展全球大豆品种种植区域、发展低纬度地区大豆生产具有重大意义。

二、基因组学研究及应用国际领先

"十三五"期间我国作物基因组学研究取得重大突破，在国际基因组学研究领域发挥了引领性作用。粮食作物领域，水稻、小麦等功能基因组学研究继续保持国际领先水平，开创了水稻研究从传统遗传图谱向全基因组水平转变的先河，首次发现并克隆小麦抗赤霉病关键基因，创制了抗白粉病小麦、低镉水稻、玉米雄性核不育系与保持系等优异种质。经济作物领域，黄瓜、番茄和白菜等蔬菜基因组学研究和利用获得显著进展，攻克了利用多组学研究作物复杂性状的重大难题，打通了从基因组到蔬菜新品种的技术通路，引领了国际蔬菜育种新方向。

专栏2 水稻基因组学研究与应用引领世界育种新方向

我国水稻基因组学研究从传统遗传图谱向全基因组水平转变，引领了水稻精准设计育种的新方向，攻克了水稻生产中产量与多个重要性状之间相互制约的世界性育种难题，突破了水稻超高产与高品质协同改良的理论和技术瓶颈，奠定了我国在水稻新品种创制理论和技术领域的国际领跑地位。"十三五"期间完成"3 000 份水稻基因组计划"，构建了全球首个近乎完整的、高质量的亚洲栽培稻的泛基因组，开启了"后基因组时代的水稻设计育种"，体现了中国在水稻基因组研究方面的世界领先地位，将极大推动我国农业领域的国际科学计划和科学工程发展。

水稻、家蚕、蔬菜等功能基因组学研究国际领先，成功克隆可增产 10％的水稻产量关键基因；首次发现并克隆小麦抗赤霉病关键基因，创制了抗白粉病小麦、低镉水稻、玉米雄性核不育系与保持系；基本完成猪、牛、羊等动物的基因组测序，建立中国荷斯坦牛分子育种技术体系，开发研制了抗蓝耳病猪、性别可控的罗非鱼等优异种质；完成了缢蛏、魁蚶和菲律宾蛤仔的基因组测序；实现了 TALEN 和 CRISPR/Cas9 等基因编辑技术在牡蛎和鲍遗传分析中的应用；此外，还完成草地贪夜蛾抗药性基因普查，为我国草地贪夜蛾的化学防控提供了技术支撑。

专栏3 粮食作物优良基因发掘与分子育种

阐明了水稻高产优质性状形成的分子机理并完成了品种设计，创建了直接利用自然材料与生产品种进行复杂性状遗传解析的新方法，鉴定了影响水稻产量的理想株型形成的关键基因，揭示了稻米食用品质的精细调控网络，用于指导优质稻米品种培育，示范了高产优质为基础的分子设计育种，为解决水稻产量品质协同改良的难题提供了有效策略。

实现了玉米重要营养品质优良基因发掘与分子育种应用，阐明了玉米油分提高的遗传学基础，挖掘了油分优良等位基因，开启了玉米油分分子育种的先例；完成维生素E优良等位基因及功能标记，建立了分子育种体系，开辟了玉米品质育种的新方向；发现了高维生素A原优良等位基因分布的遗传规律，提高了国际生物强化项目的育种效率；该成果开创了我国玉米分子育种技术对外输出的先例，实现了我国玉米分子育种的重大突破，显著提升了我国玉米种业科技创新水平。

专栏4　揭示棉花纤维细胞向顶的扩散生长模式

我国科学家创制了稳定转化棉花的微丝与微管荧光标签株系，首次利用活细胞显微成像技术呈现了棉花纤维细胞发育过程中微管、微丝的组织与动态模式和胞质环流及囊泡运输模式，综合多条细胞学证据链揭示了棉花纤维生长呈现独特的、向顶的扩散性生长模式。该研究解决了一个领域内长期存在的争议，并为解析棉纤维品质形成机制提供了重要理论依据。

三、农业信息技术研究跨越式发展

"十三五"期间，我国农业信息技术领域科技论文竞争力全球第一，引领世界农业信息技术学科发展方向。信息技术的开发利用和农机装备科技创新取得了一批重大科技成果，在饲料数字化描述、数据库构建与挖掘方面达到国际领先水平；创建了具有国际先进水平的数字大田、数字果园与数字牧场技术体系，主要粮食作物面积、长势、产量实现季节内监测，苹果、柑橘等主要果树类型建立了标准化的监测技术模式，草原监测精度提高至90%；创制出具有自主知识产权的适应复杂农田作业条件的植保无人飞机系列装备，相关技术已在国内31个省份销售应用，并辐射至日本、澳大利亚等多个国家和地区。

专栏5　基于北斗的农机自动导航与作业精准测控

针对我国农机化高质高效发展中缺少农机作业数量监测与质量控制技术、农机农艺融合不充分、管理服务手段滞后等问题，该成果突破了农机北斗自动导航、全程机械化作业智能监测和作业大数据云服务等关键技术，创制了具有自主知识产权的电液、电机转向两类农机北斗自动导航产品，显著提升了农机作业质量和效率，降低了作业成本；已在全国23个省市、387个县区、2 733个合作社、123个国有农场累计推广农机自动导航系统 1 480 套、农机作业监测终端 30 860 台，服务农机作业面积 7 000 多万亩，培训用户 3.2 万人次，为国家农机作业补贴政策规范高效实施提供了有效的监管技术支撑，社会经济效益显著，促进了我国农业机械化高质高效发展、农机装备产业科技进步和转型升级。

四、疫病成灾机理及纳米投入品研发与世界同步

"十三五"期间我国多项农业遗传规律与病虫害成灾机理研究成果填补世界空白。水稻、油菜、甘蓝等作物杂交育种理论研究国际领先，率先揭示了水稻产量分子调控机制、黄瓜和番茄风味调控机制。重大病虫害成灾机理研究达到国际先进水平。黏虫、草地螟等迁飞规律研究国际领先；率先阐明小麦条锈病发生流行的分子机理，明确了大豆根茎腐病、病毒病、胞囊线虫、刺吸害虫、地下害虫等病虫草害的发生规律和"症青"发生机理，揭示植物免疫抗病蛋白管控和激活机制，厘清非洲猪瘟病毒结构及其组装机制。

专栏6　解析非洲猪瘟病毒三维结构

非洲猪瘟被世界动物卫生组织列为法定报告动物疫病，我国也将其列为一类动物疫病。自 2018 年 8 月 3 日农业农村部通报我国首例非洲猪瘟疫情以来，病毒很快传播到全国大部分地区，给养殖业带来了巨大经济损失。

我国科学家采用单颗粒三维重构的方法，首次解析了非洲猪瘟病毒全颗粒的三维结构，阐明了非洲猪瘟病毒独有的 5 层结构特征，病毒颗粒包含 3 万余个蛋白亚基，组装成直径约 260 纳米的球形颗粒，是目前解析近原子分辨率结构的最大病毒颗粒，该研究新鉴定出非洲猪瘟病毒多种结构蛋白，搭建了主要衣壳蛋白 p72 等原子模型，揭示了非洲猪瘟病毒多种潜在的保护性抗原和关键抗原表位信息，阐述了结构蛋白复杂的排列方式和相互作用模式，提出了非洲猪瘟病毒可能的组装机制，为揭示非洲猪瘟病毒入侵宿主细胞以及逃避和对抗宿主抗病毒免疫的机制提供了重要线索，为开发效果佳、安全性高的新型非洲猪瘟疫苗奠定了坚实基础。

专栏7　纳米等材料技术在农药、疫苗等投入品的发展迅速

纳米技术改变了农药以及疫苗的生产和设计理念。纳米农药新剂型将农药粒子从传统的 5 微米降低至 100 纳米，小尺寸效应可减少叶面农药脱落，提高了农药的利用率。我国科学家研制的纳米农药通过微囊化技术实现了药物的控制释放，并延长持效期，减少农药的施用次数，提高农药利用效率，同时减少农药制剂中苯、甲苯、二甲苯等不利于人体的有机溶剂的使用量，同时减少有害溶剂与助剂流失对环境造成的污染。

我国口蹄疫防控技术团队的部分创新研究成果在国内国际领先，具体包括：选择

安全、高效、满足国家动物疫病净化战略需求的病毒样颗粒作为纳米抗原，克服了传统疫苗在生产和应用过程中可能散毒的生物安全风险，避免了灭活苗可能诱导非结构蛋白抗体而带来的无法区分感染动物和免疫动物的缺陷，将其作为优势抗原进行基础及应用性研究工作，突破了传统疫苗的抗原制备方式、改观了传统意义上的抗原属性。合成了不同形貌结构的介孔硅材料；为了针对不同的抗原，如蛋白、基因等，实现高水平的包封效果，我国科学家利用高分子物质如PLGA等，合成纳米囊和纳米球等。传统佐剂通过纳米化后，降低白油或矿物油比例，油乳滴颗粒均一、粒径变小，使其黏度变小更容易被组织细胞吸收，从而诱导更快速的免疫反应。

第二节 产业关键技术取得重大突破

一、自主培育出一大批重大品种

自主选育农作物品种面积达95%以上，水稻育种水平始终保持世界领先地位。育成并推广了济麦22、新麦26等一批优质小麦品种，近20年平均单产增幅全球领先。国产转基因抗虫耐除草剂玉米和耐除草剂大豆获得转基因生物（生产应用）安全证书。自主培育出京红、京粉系列蛋鸡品种、京海黄鸡、华农温氏一号猪等一批具有较高应用价值的畜禽新品种。畜禽水产品种良种化、国产化比重逐年提升，主要畜种核心种源自给率达70%，90%以上种猪可自主繁育。

专栏8 国产转基因玉米、大豆获得生物安全证书

玉米转基因品种DBN9936与大豆转基因品种中黄6106于2020年被农业农村部批准安全生产应用，填补了我国自主培育转基因抗虫耐除草剂玉米、耐除草剂大豆的国内空白，实现了转基因研发从追赶到跨越的重大转变，奠定了现代种业发展的坚实基础。转基因玉米DBN9936对于多种害虫、除草剂具有良好抗性，满足了我国大田玉米安全生产的实际使用需求，农民每亩玉米种植综合收益增加100元以上。转基因大豆中黄6106耐草甘膦除草剂，很大程度解决了大豆田管理中出现杂草危害普遍、大豆药害严重等问题，对提高大豆生产中的田间杂草防治效率、降低生产成本，提高效益和农民种豆积极性，增强国产大豆竞争力等具有重要意义。转基因玉米、大豆新品种实现产业化生产，无论从农民种植效益，种业健康发展，还是从下游饲料养殖企业对高品质原料需求都将产生重大和积极影响，同时还对我国大田作物种植结构调整和粮食安全具有战略意义。

专栏9 猪育种中分子育种技术的应用

创建猪整合组学基因挖掘技术体系，实现分子育种标记高效开发及应用，研发出

涵盖基因组、转录组、基因组编辑等多组学多层次的方法和工具 10 个，解决了支撑猪多组学整合方法与工具不足的局限；创建了猪整合组学基因挖掘技术体系，开发出 114 个新分子育种标记；创建了同时整合多分子育种标记和传统育种值的猪育种值评估新方法，培育出 1 个优质猪母本新品系，创制出 3 个育种新材料；该成果有效推动了我国猪基因组学育种技术发展和种质创新。

高效瘦肉型种猪新配套系培育与应用，创新了瘦肉型种猪分子育种技术、遗传评估和性能测定技术、体细胞克隆等扩繁和养殖技术，创建了中国瘦肉型种猪四系配套育种新体系，培育了两个四元杂交高效瘦肉型猪配套系，打破了我国种猪长期依赖进口困境，项目成果已在全国 30 个省份推广应用。

专栏10　水生生物新品种培育

构建了传统选育、分子选育和基因组选择相结合的育种技术体系，培育出众多优质水生生物新品种。一是完成扇贝分子育种技术创建与新品种培育，针对水生生物育种基础薄弱现状，围绕扇贝种业核心技术展开攻关，发明了系列高通量低成本全基因组分型技术，开发了贝类分子育种技术和全基因组选择遗传评估系统，育成多个高产抗逆新品种，经济效益显著。二是培育出团头鲂新品种"华海1号"，建立了国内最丰富的团头鲂种质资源和基因资源库；构建了团头鲂分子标记辅助选育技术体系，提高选育效率和准确度；创建了育繁推一体化的团头鲂产业发展模式，多方面促进了团头鲂养殖产业的健康可持续发展。三是长丰鲫和绿盘鲍的培育，"长丰鲫"是通过异源雌核发育技术，突破了银鲫染色体操作等多项技术难题，具有倍性高、生长速度快、抗逆性强等优良性状；"绿盘鲍"是建立鲍远缘杂交育种技术体系，培育出生长快、耐高温和大规格的新品种，有效缓解鲍鱼夏季高死亡率和鲍产品单一、量增价低问题，有力推动我国鲍鱼产业提质增效和转型升级。四是完成了凡纳滨对虾基因的测序和组装，是世界首个对虾全基因组参考图谱，为对虾的遗传育种工作提供了宝贵的资源。

二、全面研发了一大批绿色生产技术和关键高效装备

"十三五"期间，我国创建了纳米材料传输基因的新方法，在农业纳米药物、智能控释肥料等领域形成了良好研究基础。纳米农药研究与发达国家水平相当，成功开发了一批高效安全的杀虫剂、杀菌剂、除草剂等纳米农药新剂型；研制了高效复合肥与缓控释肥、生物炭基肥与生物有机肥等新型肥料，如黑松土活性腐殖酸控释肥、水润土腐殖酸水溶肥、高塔硝硫基水溶肥等新型肥料以及有效防止香蕉枯萎病发生的香蕉专用肥等；开发出低毒高效小分子化学农药、微生物源生物农药，如"精歌"等大豆根腐病专用种衣剂、"菌线克"系列防控胞囊线虫的微生物拌种剂以及广谱复合杀虫剂等，为实现化肥农药零增长和保障粮食安全提供了有力支撑。研发出动物专用新

型抗菌原料药、功能性饲料以及畜禽疫苗等,为我国养殖业的可持续发展做出重要贡献。此外,开发出系列商品化蚕沙饲料和桑叶饲料,在成鱼阶段使用对降低体脂率、改善鱼肉品质与风味方面具有突出效果;创造出无乳链球菌的弱毒活疫苗,实现对罗非鱼免疫的长期保护。

专栏11 新型肥料研发取得重大进展

高效复合肥与缓控释肥研发取得重大成果。一是增值复合肥,将锌腐酸、发酵海藻、聚合氨基酸、聚糖等4类有机载体分别与复混肥料进行科学配伍,创新"尿素—酸类"共熔喷浆工艺,解决了高塔工艺和料浆工艺硝基复合肥与有机载体配伍安全性问题,创制增值尿素、增值磷铵、增值复合肥、增值水溶肥等系列绿色高效肥料新产品,增效复合肥应用面积1.6亿亩,作物单产提高6.0%~17.4%,带来巨大的经济社会价值。二是油脂改性缓释肥,利用微生物次级代谢产物增效剂与油脂改性缓控释肥料的复配技术,研制出系列功能型油脂改性缓控释肥料新产品,肥料利用率显著提高,施肥劳动力明显减少,实现了油脂改性缓释肥的大面积应用。三是纤维素改性包膜肥,创新了以农作物秸秆、废旧纸板箱、果树枝条等为原料制备纤维素缓控释膜材的技术,研制了纤维素改性包膜缓控释肥料,解决了膜壳易破裂等问题,膜材料成本降低30%以上,养分控释期提高1倍以上。

生物炭基肥及微生物菌有机肥创制取得重大进展。一是生物炭基肥,基于生物炭与无机/有机养分复合异质造粒可以延缓氮素释放的原理,研制了生物炭基肥料系列产品,形成"秸秆炭基肥利用增效技术",融合了"炭化联产、专肥专用、健康栽培"等增效要点,兼顾作物高产优质栽培和耕地土壤质量提升双导向,为进一步强化秸秆资源在农业生产领域的循环利用提供了可行方案;该成果的转化推广,契合现代农业建设的绿色发展理念,为保障国家粮食安全和改善农业生态环境提供了引领性技术和示范模式。二是微生物菌有机肥,优化了农业废弃物高效堆肥、功能细菌高密度发酵等技术工艺,创制了芽孢杆菌、木霉及芽孢杆菌—木霉复合菌粉、高亲和促生复合菌系的剂型、颗粒型和液体型等在内的多种有机肥,获得肥料登记证;产品在平均替代15%化肥养分的情况下,增产5%以上,肥料利用率提高10%以上,带来了巨大的经济价值和生态价值。

耐旱小麦配套节水栽培技术节省灌溉水30%左右。玉米膜下滴灌技术、全膜双垄沟播技术等可提高水分利用效率17%。水稻侧深施肥技术可提高肥料利用率20个百分点。筛选出虫螨腈等多种高效低水溶性农药作为替代品种,农药使用量大幅减少,提升了茶园害虫绿色防控水平。秸塑复合生物降解地膜研发成功,提升农业秸秆综合利用价值。生猪、奶牛等精准营养、减抗替抗等技术广泛应用,规模化养殖技术达到国际水平。

农作物耕种收综合机械化率达70%以上。国产甘蔗收获机主产区市场占有率达

80％以上，采棉机整机产品和采棉头等核心部件技术瓶颈已经突破，成为市场主流产品。创制出全秸硬茬地去秸障高质顺畅播种系列技术装备，有效破解了挂秸壅堵、架种、晾种等难题。创制出适于藏区的土壤捡石机、适于丘陵山区的全遥控履带自走式耕整机、适于稻茬湿地的智能播种施肥开沟联合作业机、适于特殊土壤作业的双轴精整地联合作业机、适于大麦茬处理的节能深旋埋茬旋耕机，有效提升了复杂地形下农业机械作业效率。发明了新型锂电无刷电动割胶技术与装备，实现割胶深度和耗皮厚度毫米级别的精准控制。研发出远洋渔业精准捕捞系列渔具新产品，有力提升了我国远洋渔业设施装备水平。此外，还研制出新型食用豆脱粒机、全自动苎麻高效剥麻机、穴盘式智能大葱育苗机、链勺式大姜联合播种机、自主行走的螺旋推进式挖藕机、集芋头茎秆切割和挖掘为一体的收获机械等一系列适合特殊作物生产需要的新型高效机械装备。

专栏12 植保无人飞机施药关键技术装备

针对我国航空施药核心机理和关键规律不清、精准施药装备落后、作业管控信息化技术手段缺失等技术问题，通过关键技术和系统集成创新，解析了药液雾化及粒径控制机理和漂移沉积规律，攻克了雾化粒径和施药量的协同控制技术、药液沉积预测的航线规划与偏移补偿技术、飞防施药作业参数实时监测与状态识别技术等关键技术，研发了适用于有人驾驶飞机和植保无人机的航空施药粒径可控雾化器、流量精准控制器、航线规划与导航终端、作业参数监测器、图像取样式林业飞防施药质量计算与分析系统、药液沉积监测传感器网络系统、荧光示踪漂移药液检测仪等5种10款产品，集成研发了航空施药质量管控云平台，形成"GIS＋GNSS＋航空施药"的应用服务模式，并开展了规模化推广应用。研发的系统装备被多家植保专业化服务企业及植保无人机生产企业等采用，成果累计应用面积达到5.75亿亩次，综合经济效益达172.18亿元，累计培训用户4.63万人。本技术装备填补了国内产品空白，打破了无人驾驶飞机精准作业技术装备国外垄断的局面，有效解决了航空施药药液粒径控制难、喷施药量和药液沉积区控制难、药液漂移污染严重、飞防管控技术手段缺乏等问题。飞防施药质量监控技术产品占全国飞防施药质量监控装备产品市场90％以上。

该技术装备攻克了无人飞机超低空自主飞行技术、低量低飘移施药技术、安全管控技术等关键技术难点，创制出具有自主知识产权的适应我国复杂农田作业条件的植保无人飞机系列装备，可实现减药20％以上，节水90％以上，相关技术已在国内31个省份销售应用，并辐射至日本、澳大利亚等多个国家和地区。

专栏13 水产集约化养殖精准测控关键技术与装备

针对我国水产养殖业的可持续发展困境，提出水产集约化养殖精准测控技术体系，创建了基于环境因子和鱼类行为实时信息融合的从孵化到养成全过程的健康养殖生长调控模型，解决了复杂环境下水质、病害早期预警及实时调控，饵料科学合理配伍及精准投喂难题；该成果的感知新技术和传感器打破了国外技术垄断，无线跨网适配技术和无线采集控制器填补了国内产品空白，智能决策模型和云平台引领了产业发展方向；精准测控技术体系带动了行业技术进步；相关技术成果在江苏、山东、天津等 23 省（自治区、直辖市）进行了大面积推广，取得了显著的经济社会效益。

在农产品检测技术上，开发出农产品中黄曲霉毒素靶向抗体创制与高灵敏检测技术，实现了从抗体原始创新到技术和终端产品的全程创新；研发了千种农药高通量非靶向同时定性筛查技术，在农药微量分析理论、检测技术电子化、大数据分析智能化、农药残留风险溯源可视化等方面取得了原创性成果；创制了水果内外部品质同步智能检测分级技术与装备，实现易损水果外观品质、内部品质及重量等内外部品质的高通量同步智能无损检测；创建了油料油脂中多酚氘代同位素质谱高灵敏确证检测技术，实现油菜籽和菜籽油中多酚高灵敏检测；研发出液相色谱串联质谱内标法的高通量检测技术，能够准确测度出猪肉中各种兽药残留度；研发出全天候毛绒快速检测技术，实现非标准环境下的细度精密检测。

三、成功研制了多项畜禽疫苗

"十三五"期间，疫苗等农业投入品研制取得明显进展，多项疫苗研究成果取得世界级突破。禽流感、口蹄疫等重大动物疫病新毒株和变异毒株的常规疫苗研究处于世界领先水平，基因工程新型疫苗研究取得突破性进展。其中，H7N9 禽流感疫苗研发成功成为全球从动物源头控制人兽共患传染病的典范；世界首个基因Ⅶ型新城疫疫苗研发成功，打破了我国新城疫疫苗株完全依赖国外引进的局面。

专栏 14　H7N9 禽流感疫苗研发成功并大规模应用

H7N9 禽流感作为严重的人畜共患传染病，2013 年 3 月至 2017 年 9 月，H7N9 病毒在我国连续引起五波次人流感疫情，对人类健康构成严重威胁，每年给养殖业造成 600 亿元至 800 亿元人民币的经济损失，严重阻碍了养殖业发展。我国科学家于 2017 年创制出重组禽流感病毒（H5＋H7）二价灭活疫苗（H5N1Re－8 株＋H7N9H7－Re1 株），揭示了 H7N9 禽流感病毒进化和变异情况。疫苗成功产业化应用后，极大地降低了 H7N9 病毒在家禽中的流行和传播，更重要的是阻断禽流感从动物向人的传播，消除了人们对人 H7N9 疫情的担忧，禽蛋产品消费信心恢复，产生巨大的社会经济效益，取得了举世瞩目的防疫成就。

专栏 15　基因Ⅶ型新城疫新型疫苗的创制与应用

针对严重危害世界家禽养殖业的烈性传染病新城疫，我国科学家从 200 多株基因

Ⅶ型新城疫病毒流行株中，筛选获得了在鸡胚中繁殖效价高、免疫原性强、交叉保护性好的毒株作为供体，在国际上首创了基因Ⅶ型新城疫强毒直接致弱的反向遗传技术平台，突破了常规手段无法致弱Ⅶ型强毒的技术瓶颈，实现了强毒株的精准、快速致弱，成功研制出基因Ⅶ型新城疫疫苗毒株 A - NDV - Ⅶ，解决了原有疫苗株与流行株之间基因型和抗原性不匹配问题。基因Ⅶ型新城疫灭活疫苗为我国《国家中长期动物疫病防治规划》中新城疫防治目标的实现提供了关键技术支撑；自该疫苗应用以来，解决了我国鸡群和鹅群新城疫防控的重大问题，家禽新城疫发生率大幅下降，病死率降低，有效减少了病死禽处理带来的环境压力，产生了显著的社会和生态效益。

四、不断夯实农业长期性基础研究

"十三五"时期我国加快种质资源保护与利用体系建设，系统开展种质资源收集、鉴定、保藏和利用工作，建成完善了由 1 座长期库、1 座复份库、10 座中期库、43 个种质圃、205 个原生境保护点以及种质资源信息中心组成的国家作物种质资源保护体系，并成立了农业农村部作物种质资源保护与利用中心，保存资源总量突破 52 万份，位居世界第二。如建成国家牧草种质资源库，累计保存种质资源 4.37 余万份；成立国家园艺种质资源库，涵盖了 198 个园艺种类、637 个植物学种、7.5 万份种质资源。此外，我国还创建了水稻功能基因组育种数据库，研发了作物基因定位及高通量数据分析软件，成功建立了 CRISPR/Cas9 基因编辑技术平台；在渔业上，成立了国家水生生物种质资源库，建立了从个体水平、细胞水平到分子水平、信息水平的种质资源库，如海鲈、虾蟹、罗非鱼等水生生物种质资源库，为优质水生生物新品种培育奠定坚实的基础。

专栏16 国家作物种质库建设项目

2019 年，新国家作物种质库项目启动建设，库容量达 150 万份，为现有种质库容量的近 4 倍，建成后将成为全球单体量第一的国家级种质库。作物种质资源作为国家最重要的资源战略储备之一，新建成的国家作物种质库可以满足未来 50 年全国作物育种、基础研究、产业化发展等方面的科研需求，同时，自动化、信息化、智能化管理系统达到世界一流水平。

新国家作物种质库建成后，将与现有的国家农作物种质资源保护与利用中心、国家农作物基因资源和基因改良重大科学工程等，共同构成系统完整的作物种质资源保存、鉴定评价、创新研究和开发利用体系，为现代种业科技创新奠定坚实基础。

第三次全国农业种质资源普查与收集行动则计划利用 3 年时间，完成新中国成立以来规模最大的种质资源普查，全面完成农作物、畜禽和水产种质资源普查，摸清全国种质资源种类、数量、分布、主要性状等家底，种质资源普查结束后，我国种质库里特色地方品种及野生资源将再增 10 万份。

"十三五"期间,我国在农业生态环境监测体系中引入遥感、物联网、大数据等新一代信息技术,在种植、养殖、水产等领域的环境监测中取得突破性进展。创建出农田温室气体实时监测、面源污染监测技术,突破了定量难、变异大等农田环境污染监测技术瓶颈,建成全国农田温室气体及面源污染监测网络平台,实现了农田温室气体监测数据质量控制与动态存储,制定了农田温室气体监测方法与技术标准,提高了监测数据的精度和准确度。此外,还研发出基于物联网的肉羊养殖基地环境监测系统;设计出水产养殖环境监测和控制系统。

第三节 主粮作物研发成果丰硕

"十三五"期间,我国农业科学家在水稻、小麦等主粮作物的研发成果突出,分别获得国家自然科学奖一等奖、国家科技进步奖一等奖、国家科技进步奖创新团队奖等四项国家奖。

一、水稻高产优质性状形成的分子机理及品种设计

由中国科学院院士李家洋等完成的"水稻高产优质性状形成的分子机理及品种设计"项目获得 2017 年度国家自然科学一等奖。该项目围绕"水稻理想株型与品质形成的分子机理"这一科学问题,历时逾 20 年的研究,创建了直接利用自然品种材料进行复杂性状遗传解析的新方法,发现了理想株型形成的关键基因,攻克了水稻高产优质协同改良的科学难题。

该研究成果突破水稻产量瓶颈,育出分蘖数适宜、茎秆强壮、穗大粒多的高产理想株型品种,同时具有优良的食用品质;并将取得的基础研究成果应用于水稻高产优质分子育种,率先提出并建立了高效精准的设计育种体系,示范了高产优质为基础的设计育种,培育出一系列高产优质新品种。

水稻高产优质性状形成的分子机理及品种设计给予了品种设计育种研究领域新的启迪,将极大推动作物传统育种向高效、精准、定向的分子设计育种转变,引领了水稻遗传学的发展,实现了"绿色革命"新突破。

二、水稻遗传资源的创制保护和研究利用

上海市农业生物基因中心罗利军研究团队联合国内多家科研机构共同完成的"水稻遗传资源的创制保护和研究利用"项目获得 2020 年度国家科技进步奖一等奖。优良品种是实现水稻高产稳产的基础,以罗利军为首的一批科研人员组织成立了中国栽培稻分子育种协作组,系统地进行水稻遗传资源的收集保存、研究评价和创新利用,在种质资源保护和利用平台的构建、重要种质的创制与共享利用、重要

性状的基因发掘与遗传剖析以及适应不同生态条件的水稻新品种培育上取得重要进展。

罗利军科研团队共收集水稻遗传资源 20 余万份，使我国水稻遗传资源保存量增加 130％以上。其中的优异资源广泛应用于我国水稻品种选育和基础理论研究之中，71 个水稻新品种在生产上大面积推广。此外，还在全国范围内分发利用优异资源，育成的新品种在国内累计推广达 11.9 亿亩，获经济效益 1 680.6 亿元，在国外累计推广 4 423.4 万亩。该研究成果丰富了我国水稻遗传资源，推动了水稻遗传资源安全保护和利用体系的建立，促进了作物科学的进步。同时，还带动了农民增收，有力推动了乡村振兴和精准扶贫，为建设节约资源、环境友好型农业产业体系、调整产业结构做出了突出贡献。

三、小麦种质资源与遗传改良创新团队

中国农业科学院作物科学研究所小麦种质资源与遗传改良创新团队以提高我国小麦产业发展水平、提高我国小麦科技的国际竞争力为目标，通过"联合攻关、协同创新"，在育种材料创制和育种方法研究等诸多方面取得重要进展。中国农业科学院作物科学研究所小麦种质资源与遗传改良创新团队荣获 2016 年国家科学技术奖创新团队奖，这是该奖项设立以来我国农业领域首次获此殊荣。

小麦种质资源与遗传改良创新团队全面系统开展种质资源收集保存、评价与创新利用，收集国内外小麦资源 4.9 万份，包括我国独有、有重要利用价值的农家种 1.5 万份，资源拥有量和影响力居国际前三位。在我国历次小麦品种更新换代中，相当一部分品种都利用了该团队提供的优异育种材料及其衍生后代，在实现小麦从严重短缺、基本自给到丰年有余的历史性转变中提供了种质和技术支撑。

在小麦杂交育种方面，创新团队首创矮败小麦高效育种技术体系，将小麦的两对性状"高秆/矮秆"、"可育/不育"相关联，在育种过程中可以通过"高秆/矮秆"这一对性状判断小麦的杂交情况，解决了小麦大规模开展轮回选择的国际难题，为提高育种效率提供新方法，用这一体系育成的新品种累计推广 1.8 亿亩。在小麦分子育种领域，团队在国际上首次完成 D 基因组测序，发掘的育种可用分子标记在美国等 14 个国家广泛应用，引领小麦遗传改良新方向。此外，团队根据中国饮食的实际情况，创建以面条为代表的中国小麦品种品质评价体系，为促进中国品质育种取得突破提供关键技术，为改善民生做出突出贡献。

小麦种质资源与遗传改良创新团队不仅在育种材料创制、育种方法研究等方面取得重要进展，在国内外学术界也产生重大影响，在相关国际决策中发挥关键作用。1998 年至今，团队成员先后获国家科技进步一等奖 3 项、二等奖 4 项、国际奖 5 项，与其他单位合作获国家科技进步二等奖 3 项；获授权发明专利和新品种保护权 91 项；在国内外出版专著 8 部，其中《中国小麦品种改良及系谱分析》已成为国内小麦研发人员的必读参考书。团队在《Nature》《The Plant Cell》等发表 SCI 论文 438 篇，SCI

论文总量居小麦遗传改良领域国内第1、国际第2、他引频次居国际第4。

四、袁隆平杂交水稻创新团队

为不断深入研究杂交水稻，持续提升我国杂交水稻技术水平，1995年组建了国家杂交水稻工程技术研究中心，形成了以袁隆平院士为核心的杂交水稻创新团队。袁隆平杂交水稻创新团队是一支以院士和优秀专家为学术带头人，以优秀中青年骨干为主要成员的创新群体，研究方向包含杂交水稻基础理论、种质资源发掘与创新、新品种培育、应用技术研发等，涵盖了作物育种学、作物栽培学、种子学、植物生理生态学、分子生物学等学科。袁隆平杂交水稻创新团队不断把我国的杂交水稻研发推向新高度，对推动杂交水稻学科发展、促进杂交水稻科技进步发挥了重要作用，在2017年荣获国家科技进步奖一等奖（创新团队）。

袁隆平杂交水稻创新团队育成审（鉴）定不育系24个，审定杂交水稻品种69个，获超级稻认定品种11个，获植物新品种权48项，发明专利26项，制订国家技术标准1项。其中，团队成员培育通过审定以及利用团队创制的亲本配组选育的品种300个以上，累计在全国推广面积超过8亿亩（其中团队培育品种推广3.5亿亩），按照每亩平均增产稻谷25公斤估算，共增产粮食200亿公斤，增加经济效益540亿元以上。团队在杂交水稻"三系法—两系法—超级稻"不同研究阶段中，始终发挥了"领头雁"作用，不断把我国的杂交水稻研发推向新高度，对推动杂交水稻学科发展、促进杂交水稻科技进步发挥了重要作用。

团队依托科技部杂交水稻国际科技合作基地、FAO杂交水稻研究培训参考中心等平台，持续开展国际合作交流，承担国内外杂交水稻专业人才的培训任务，为杂交水稻在全世界的发展提供人才和智力保障。

第四节　植物新品种权申请量保持世界第一

"十三五"期间，在《国家知识产权战略纲要》的总体要求下，按照《"十三五"国家知识产权保护和运用规划》的要求，农业植物新品种权创造、运用、保护和管理能力得到进一步提升，我国植物新品种保护事业取得了开拓性的进展。

一、植物新品种权申请量连续跃居世界第一

（一）植物新品种权申请量连续四年世界第一

"十三五"期间，我国植物新品种申请授权数迅速增长，年度品种申请量首次跃居世界第一，而且持续四年位于榜首。2016—2020年我国共受理农业植物新品种权申请26 164件，较"十二五"期间增长了236%，授予品种权10 250件，较"十二五"期间增长了268%，自2017年起，我国植物新品种申请量连续四年位于国际植物新品种保护联盟成员（UPOV）第一位（表3-1、表3-2）。

表 3-1　2016—2020 年我国和部分 UPOV 成员国植物新品种权申请数量表

单位：件

国家或地区	2016 年	2017 年	2018 年	2019 年	2020 年	合计
中国	2 523	3 842	4 854	7 032	7 913	26 164
美国	427	498	530	456	444	2 355
欧盟	3 299	3 422	3 554	3 525	3 427	17 227
澳大利亚	387	343	384	281	316	1 711
荷兰	804	763	792	767	837	3 963
日本	977	1 019	880	822	713	4 411

表 3-2　2016—2020 年我国和部分 UPOV 成员国植物新品种权授权数量表

单位：件

国家或地区	2016 年	2017 年	2018 年	2019 年	2020 年	合计
中国	1 937	1 486	1 990	2 288	2 549	10 250
美国	468	293	216	510	543	2 030
欧盟	2 980	2 865	2 757	3 188	2 978	14 768
澳大利亚	111	244	222	278	212	1 067
荷兰	588	672	713	621	641	3 235
日本	941	812	758	591	502	3 604

（二）植物新品种权不同主体申请情况

"十三五"期间，国内企业申请数量已经稳定超过国内科研单位，成为植物新品种研发的主力军。我国受理的国内植物新品种权申请按照国内企业、国内科研、国内教学和国内个人来看，分别为 12 956 件、8 743 件、1 791 件和 963 件，较"十二五"期间分别增长了 247%、215%、289% 和 216%（表 3-3）。

表 3-3　2016—2020 年我国不同主体植物新品种权申请情况表

单位：件

不同主体	2016 年	2017 年	2018 年	2019 年	2020 年	合计
国内企业	1 190	1 903	2 349	3 650	3 864	12 956
国内科研	920	1 187	1 573	2 261	2 802	8 743
国内教学	203	265	364	450	509	1 791
国内个人	61	133	216	282	271	963

（三）我国植物新品种权不同主体授权情况

"十三五"期间，国内企业授权增长情况显著高于其他申请主体，企业市场主体地位快速确立。我国授权的国内植物新品种权按照国内企业、国内科研、国内教学和国内个人来看，分别为 4 751 件、3 825 件、698 件和 291 件，较"十二五"期间分别增长了 417%、192%、195% 和 174%（表 3 - 4）。

表 3 - 4　2016—2020 年我国不同主体植物新品种权授权情况表

单位：件

不同主体	2016 年	2017 年	2018 年	2019 年	2020 年	合计
国内企业	799	621	1 018	1 108	1 205	4 751
国内科研	814	603	694	723	991	3 825
国内教学	134	85	140	180	159	698
国内个人	85	71	35	46	54	291

二、植物新品种保护制度逐步完善

2016 年颁布实施的修订后的《种子法》，将植物新品种保护作为专章列入，大大提高了品种保护的法律位阶。"十三五"期间《植物新品种保护条例》《农业农村部植物新品种复审委员会审理规定》等配套规章制度同步修订，逐步完善法律法规体系。"十三五"期间，共发布 2 批植物新品种保护名录，涵盖向日葵、甜菜等 98 个属、种，使受保护的属、种总数达到了 191 个，保护范围进一步扩大。进一步深化"放管服"改革，自 2017 年 4 月 1 日起停止征收植物新品种保护权收费，凸显我国鼓励育种创新、推动知识产权保护的决心和力度。组织完成了实质性派生品种（以下简称 EDV）制度可行性研究，并筛选了 MNP 方法作为 EDV 鉴定方法并以国家标准颁布。为积累经验，制定了实质性派生品种试点工作方案，2020—2021 年在水稻联合攻关组开展 EDV 制度试点工作，从而逐步推进该制度的全面实施。

三、审查测试技术体系不断健全

全面升级植物新品种权在线申请和审查办公系统，实现申请、受理、审查、测试、授权在线处理，进一步提高工作效力。参与品种权国际申请平台（PRISMA）研发和汉化工作，中文成为该平台的首个 UPOV 非官方语言，为"走出去"和"引进来"提供了便利途径。积极推进植物新品种测试中心、分中心和测试站的建设，通过现代种业提升工程支持，对测试中心进行改扩建。组织专业技术人员开展 DUS 测试指南研究和测试工作，截至"十三五"末期，共审定 39 个测试指南，12 个农业行业标准，4 个 SSR 分子标记法，采集 2 291 个玉米品种 DNA 指纹和 1 512 个大豆品种 DNA 指纹，建成国内最全的大豆指纹库，翻译 317 个 UP-OV 国际测试指南，进一步提高审查能力，也为科学快速查处品种权侵权案件奠定了基础。

第五节 论文专利量跃居世界第一

一、论文总量首次跃居世界第一

"十三五"期间，全国农业科研机构总共发表科技论文 153 295 篇，比"十二五"增加 8 657 篇，论文数量第一次跃居全球首位。2016—2020 年，中国在农业领域共发表 CNS（Cell，Nature，Science）期刊论文 222 篇，占农业领域总发表 CNS 期刊论文量的 11.26%，CNS 期刊发文量排名第二。2020 年比 2016 年增加了 2 926 篇，增幅达 10.04%，比"十二五"总体增幅提高了 12.8 个百分点；年均增速 2.01%，比"十二五"提升 2.56 个百分点。其中，国外论文增长趋势更明显，"十三五"期间共发表国外期刊论文 33 590 篇，与"十二五"相比增加了 1 008 篇。从占比情况来看，"十三五"国外论文总数占所有论文总量比重的 21.81%，是"十二五"占比的 1.64 倍，我国农业科技创新成果的国际影响力正在不断提升（图 3-1）。

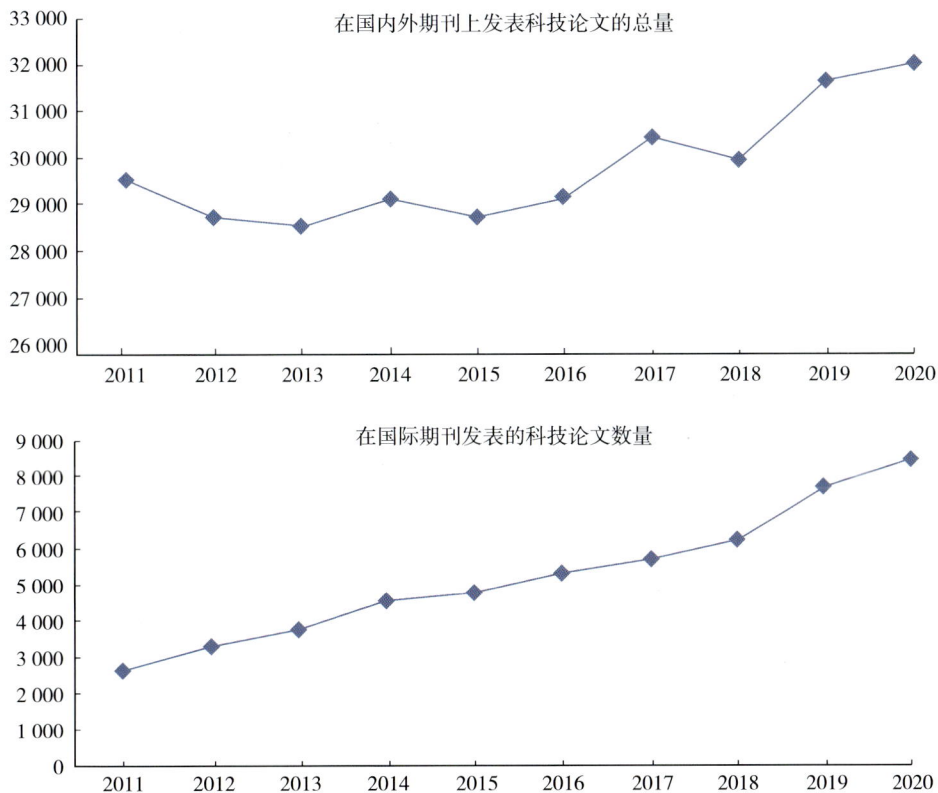

图 3-1 2011—2020 年全国农业科研机构发表科技论文与国外发表论文情况（单位：篇）

种植业论文数量增长一枝独秀，整个农业领域论文发表均呈国际化程度加快趋势。种植业机构论文发表占绝对优势地位，"十三五"期间种植业科技论文总量达

101 469篇，占总发文量比重超过65%，相较于"十二五"增加了6 799篇，增幅达7.18%；其中国外期刊发文量突飞猛进，2016—2020年种植业共增加了2 570篇国外论文，增幅84.68%，与"十二五"相比提升15.7个百分点。畜牧业和渔业"十三五"期间科技论文发表总量分别为24 376篇和14 015篇，较"十二五"稍有增长，但国外期刊发文量却大幅增长了66.21%和67.0%。农垦与农机化科技论文虽然总量上与"十二五"相比分别下滑了0.96%和1.45%，但国外发文量却增长了35.06%及185.54%（图3-2）。

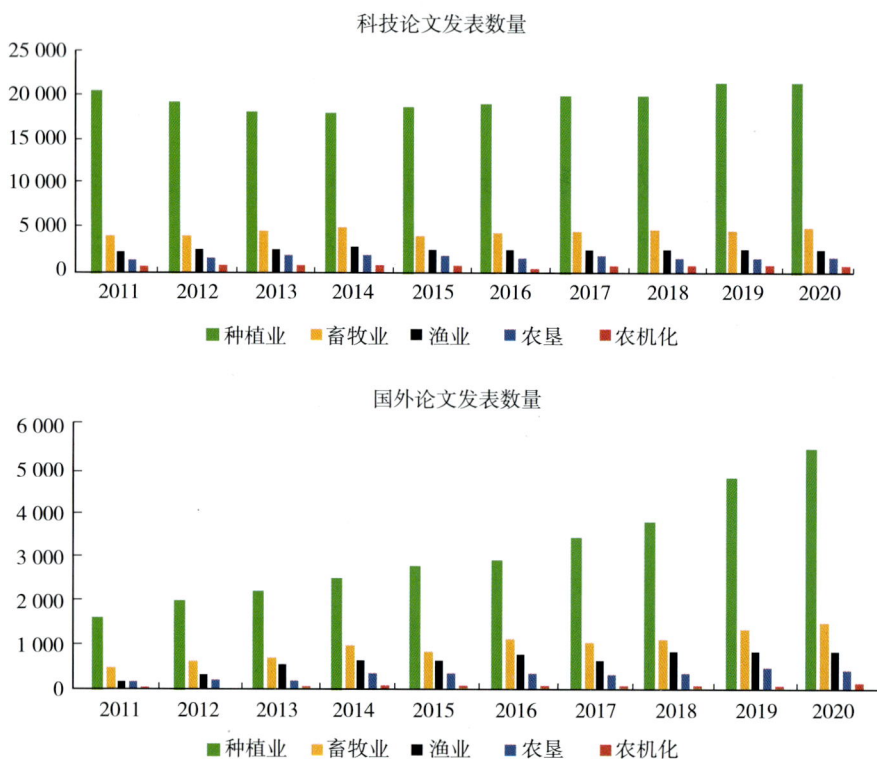

图3-2　2011—2020年全国农业科研机构发表论文行业分布（单位：篇）

　　华北、华东地区与东北、西北差距进一步拉大。从各地区"十三五"发表论文总量来看，华北和华东地区发表论文总量和国外发文量均占明显优势地位，"十三五"期间华北、华东地区论文总量增幅较"十二五"分别增长了21.18%和5.07%，国外论文发表数量分别增加50.09%和41.49%；然而，东北和西北地区发表论文总量继续呈现出不断缩减的趋势，"十三五"比"十二五"分别减少了10.33%和7.03%，其中国外论文发表数量降低了10.43%和11.10%。截至2020年，华北区和华东区科技论文年发表数量是东北和西北的两倍多，其中国外论文年发表数量均已超过2 200篇，是东北、西北地区的四倍之多，科研机构发表论文的地区间差距日益突出（图3-3）。

科技论文发表数量

国外论文发表数量

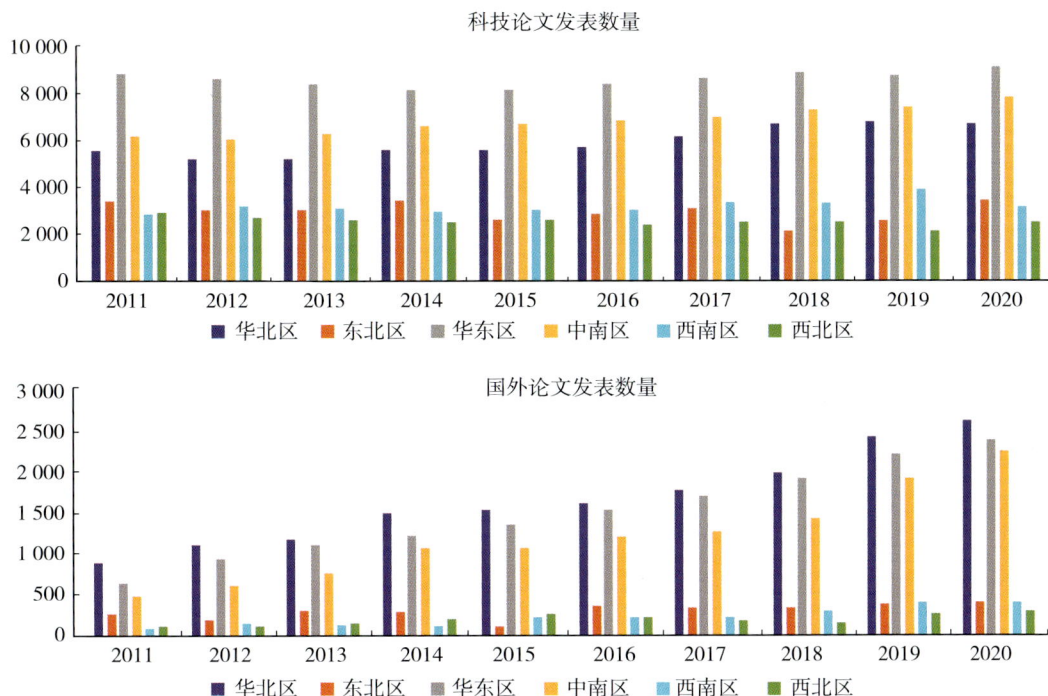

图 3-3　2011—2020 年全国农业科研机构发表论文地区分布（单位：篇）

二、国家专利受理量首次跃居世界第一

"十三五"期间全国农业科研机构专利受理和授权总量呈大幅增长态势。"十三五"期间农业科研机构专利受理和授权总量为 47 696 件和 34 054 件，与"十二五"相比分别增加了 85.96% 和 83.49%；2016—2020 年五年间受理与授权量增幅分别为 31.25% 和 38.09%，较"十二五"有所减缓（图 3-4）。**国外专利授权数出现激增**，"十三五"期间增长了 167.03%，总共达 589 件，与"十二五"相比增长了 3.15 倍。

种植业专利授权数比重继续增长，畜牧业专利授权数稳中有进。从行业分布来看，由于产业规模的领先优势，全国农业科研机构授权专利大部分集中于种植业领域，种植业机构获得专利授权数占比由"十二五"的 55.40% 上升至"十三五"的 61.21%，提升了 5.8 个百分点；畜牧业专利授权数在"十三五"期间仅增长了 7.3%（图 3-5）。

从区域差异来看，"十三五"期间农业科研机构的专利授权数愈发向东部集中，**华东地区的专利授权数明显增多，而西北地区却出现大幅度下降。**数据显示，华东区专利授权数量最多，且"十三五"期间呈现出大幅度增加的趋势，相较于"十二五"授权总数增加了 61.86%；而西北区的专利授权数在"十三五"期间出现明显减少，2020 年仅有 427 件，比 2016 年减少了 32.97%，西北地区专利授权数与华东地区之间的差距不断扩大（图 3-6）。

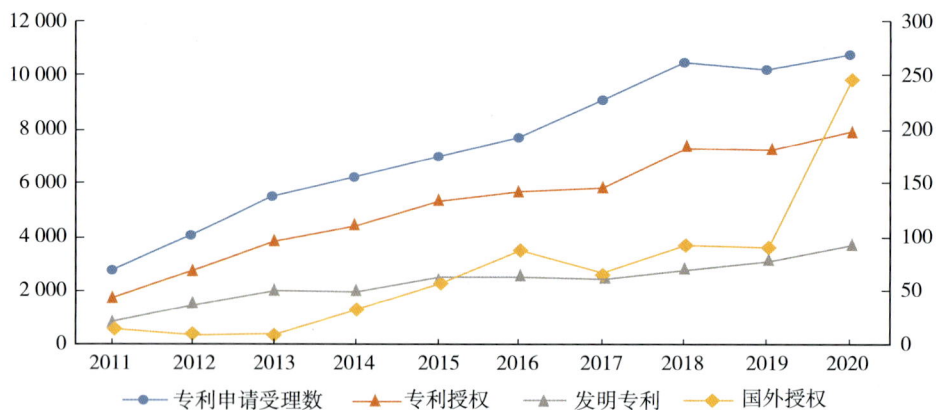

图 3-4 2011—2020 年全国农业科研机构专利受理和各项专利授权情况（单位：件）

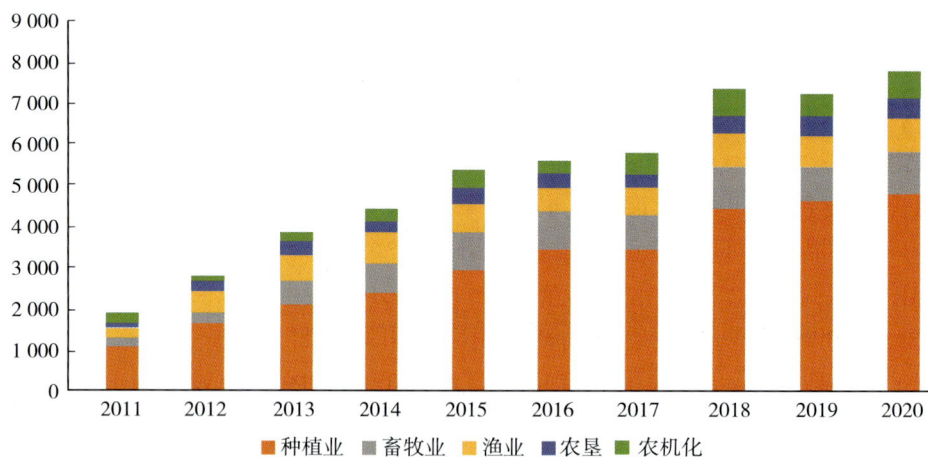

图 3-5 2011—2020 年全国农业科研机构专利授权行业分布（单位：件）

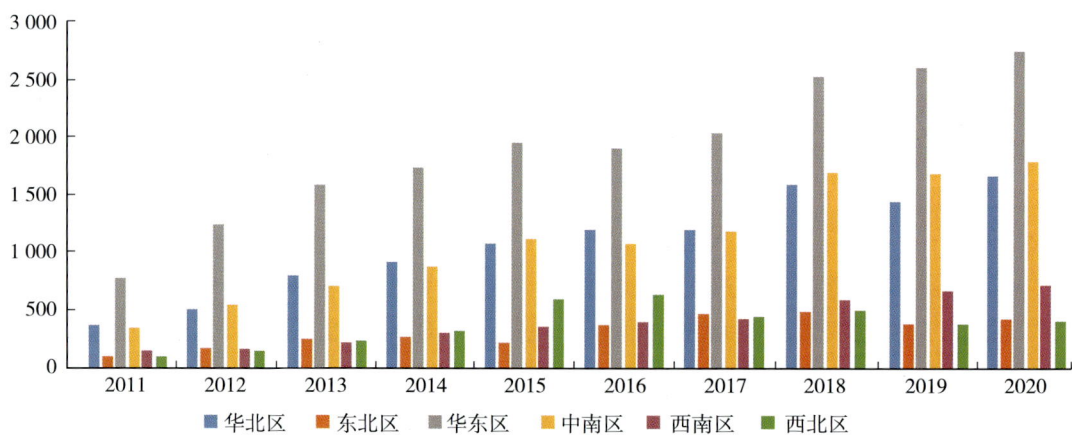

图 3-6 2011—2020 年全国农业科研机构专利授权地区分布（单位：件）

三、种业领域的专利和论文量增长迅速

"十三五"期间，我国国家知识产权局共公开种业专利申请 50 399 件，其中发明专利 32 110 件，实用新型专利 18 289 件；授权 26 792 件，其中发明专利 8 503 件，实用新型专利 18 289 件，具体见表 3-5、表 3-6。2016—2020 年，我国育种研究人员（包含）共在 40 本影响因子 4.0 以上的涉及作物遗传育种领域的期刊上发表论文 4 261 篇，具体见表 3-7。

表 3-5　2016—2020 年我国种业专利申请情况

单位：篇

专利申请	2016 年	2017 年	2018 年	2019 年	2020 年	总计
发明专利	4 386	6 478	7 476	7 343	6 427	32 110
实用新型专利	2 170	2 380	4 423	3 800	5 516	18 289
合计	6 556	8 858	11 899	11 143	11 943	50 399

表 3-6　2016—2020 年我国种业专利授权情况

单位：篇

专利授权	2016 年	2017 年	2018 年	2019 年	2020 年	总计
发明专利	1 652	975	1 551	1 935	2 390	8 503
实用新型专利	2 170	2 380	4 423	3 800	5 516	18 289
合计	3 822	3 355	5 974	5 735	7 906	26 792

表 3-7　2016—2020 年我国育种研究相关论文发表情况

单位：篇

论文发表	2016 年	2017 年	2018 年	2019 年	2020 年	总计
论文数量	648	692	830	1 017	1 074	4 261

第六节　人才队伍建设日趋坚实

习近平总书记在中央人才工作会议上指出"坚持面向世界科技前沿、面向经济主战场、面向国家重大需求、面向人民生命健康，深入实施新时代人才强国战略，全方位培养、引进、用好人才，加快建设世界重要人才中心和创新高地"。加强农业科技领军人才队伍建设已成为科研院所、高校、企业提升综合实力的重要举措。"十三五"期间，农业科技人才队伍建设取得明显成效，农业科技创新人才规模不断扩大，大批农业科技领军人才涌现出来，我国已逐渐成为世界重要的农业科技人才中心。

一、建立了相当规模的农业科技创新人才队伍

依托科技计划项目、重点实验室、现代农业产业技术体系、农业科技创新联盟等，对优秀创新团队给予重点资助，加大农业科研领军人才、青年科技人才、创新团队及涉农企业人才的培养力度，建立总量结构合理、创新气氛浓厚的科研人才队伍。

截至2019年底，全国农业科研机构从事农业科技活动人员有7.12万人（农业农村部科技发展中心统计数据），省级以上农业产业化龙头企业拥有技术人员54万人（农业农村部乡村产业司调度数据）。据2018年调研，涉农高等院校农业科研人员4.1万人。

全国农业科研机构从事农业科技活动人员结构状况，从单位分布看，部属1.31万人，省属3.59万人，地市属2.22万人；从行业分布看，种植业5.01万人，畜牧业0.90万人，渔业0.51万人，农机化0.27万人，农垦0.43万人；从高级职称分布看，总计2.65万人，其中种植业1.89万人、畜牧业0.34万人、渔业0.18万人、农机0.09万人、农垦0.15万人。

二、培育造就了大批农业科技领军人才

在中央、地方共同推进下，培养造就了一大批院士专家，正日益发挥着农业科技创新的领军作用。

一是农业领域"两院"院士情况。截至2020年底，"两院"院士总数1 700人，其中，中国科学院院士811人，中国工程院院士901人。农业领域"两院"院士140名，其中中国科学院院士45名，中国工程院院士96名（石元春为"两院"院士）；60岁以下（1961年以后出生）的农业领域"两院"院士32人。**二是农业科技领军人才获得国家科技奖励情况**。2000—2019年农业领域共授予国家自然科学奖、技术发明奖、科学技术进步奖三大奖项632项成果，占比10.32%。其中，国家最高科学技术奖授予2人，国家自然科学奖40项、国家技术发明奖72项、国家科技进步奖518项，分别占比为5.87%、7.12%、11.70%。**三是农业领域获得国家杰出青年科学基金项目专项资助情况**。1994—2021年，国家杰出青年科学基金项目专项资助4 619人，其中农业领域273人，约占总人数的5.91%。**四是有关部门实施人才计划在农业领域情况**。截至2020年底，中组部牵头实施的"万人计划"中科技创新领军人才2 356人，其中农业领域261人。教育部实施"长江学者奖励计划"，党的十八大以来，新晋特聘教授911人（至2017年数据），其中农业领域40人。**五是农业农村部遴选了一批农业科技领军人才**。截至2020年底，共遴选产生了李振声、唐启升等60位在推动科技进步、支撑产业发展中做出突出贡献的中华农业英才。先后于2011年、2012年、2015年遴选产生了300名农业科研杰出人才（当选时年龄均在50岁以下），10年内，有13人当选"两院"院士。农业科研杰出人才作为第一完成人获得国家科技奖励100多项，约占农业领域国家科技奖项总数的1/3。依托现代农业产业技术体系，以农产

品为单位，以产业链为主线，围绕水稻、玉米、小麦等 50 个产业发展问题开展技术攻关和试验示范，稳定支持培养了 50 多名首席科学家、1 370 多名岗位科学家。

三、企业农业科技人才队伍日益壮大

越来越多的农业企业加大人才吸引和培养力度。大北农集团拥有 2 800 多名技术创新人员，其中博士近 100 人，启动实施"千名博士人才工程"，每年研发投入超过 5 亿元，围绕人才链、政策链、产业链精准发力。大北农生物技术公司吸引了一大批在大型跨国公司做出国际一流科研成果的科学家全职工作，组建了结构合理、媲美国际顶尖水平的生物育种研发队伍。温氏集团与华南农业大学持续 30 年开展合作，实践了专家持股、双职双薪、利益捆绑责任捆绑等吸引人才到企业工作的机制。与华南农业大学联合创立"温氏"兴农创新班，产教融合培养本科生和专业硕士研究生。垦丰种业先后从美国引进 3 位供职国际种业巨头多年的海外高端研发人才，其中 1 人入选中组部有关人才计划。新希望集团建立专业技术职称评定机制，制定内部专业技术职务任职资格评审办法，实施"百名科技领军人才计划"。潍柴雷沃重工提供丰厚薪酬福利保障政策，多次引进国内外高层次专家。

第四章 展 望

"十四五"是我国开启全面建设社会主义现代化国家新征程、向第二个百年奋斗目标进军的第一个五年。面对世界百年未有之大变局和中华民族伟大复兴战略全局，习近平总书记指出，科学技术从来没有像今天这样深刻影响着国家前途命运，从来没有像今天这样深刻影响着人民幸福安康。我国经济社会发展比过去任何时候都更加需要科学技术解决方案，更加需要增强创新这个第一动力。

当前，我国农业科技发展还存在基础研究跟不上、源头和底层技术被人"卡脖子"等硬伤，不少领域还在跟跑阶段。创新主体之间的职责定位还不够明确，"上下一般粗"、资源分散、低水平重复、同质化发展等问题还没有得到有效解决，科研、推广、教育三大体系贯通还不够。同时，我国农业科技体制机制存在的一些深层次问题，农业科技的产业导向还有待进一步强化，适应科技强国建设要求的农业科技创新体系还有待进一步重塑，有利于调动积极性的"放权""松绑"和激励政策措施尚不健全，切实激发科研人员创新创业活力的"双创"生态还需进一步完善。

"十四五"我们将持续把保障国家粮食安全作为农业科技的首要任务，把支撑高质量发展作为农业科技的主攻方向，把推进乡村全面振兴作为农业科技的行动目标。以"突破、融合、重塑、提升"为指引，**突出原始创新、突出关键作用**，加快体制机制改革创新，推动"产学研金"深度融合，重塑国家农业战略科技力量，提升农业质量效益竞争力，加快实现高水平农业科技自立自强，全面塑造创新力更强、竞争力更强、供给更安全的产业发展新优势。

第一节　加快实现高水平农业科技自立自强

当今世界百年未有之大变局加速演进，准确把握新发展阶段，加快构建新发展格局，是实现农业高质量发展，乡村全面振兴的关键。科技创新成为国际战略博弈的主要战场，要出"大成果"，实现高水平农业科技自立自强。重点支持"从0到1"的农业原创性基础研究和应用基础研究，鼓励"无人区"领域的探索研究，努力在重大科技原创和前沿技术突破上抢占先机。聚焦农业生物重要性状形成机制、农业农村碳达峰碳中和、动物疫病致病与传播机制等领域，加快突破一批重大基础理论和方法。聚焦基因编辑、核心种源、关键装置、绿色投入品等"卡脖子"技术，解卡点、补短板，摆脱关键核心技术受制于人、产业发展竞争力不强的被动局面。

到 2025 年，力争突破一批受制于人的"卡脖子"技术和短板技术，农业领域原始创新能力大幅提升，农业科技整体实力稳居世界第一方阵，生物育种、农业 5 G 应用、动物疫苗等领域居世界领先水平。农业土地产出率、劳动生产率、资源利用率等进一步提高，生物种业、耕地保育、智慧农业、农机装备、绿色投入品等领域产业竞争力显著提升，农业科技进步贡献率达到 64％。

第二节　加快建设世界重要农业人才中心和创新高地

面对世界百年未有之大变局和中华民族伟大复兴战略全局，人才是第一资源的作用更加凸显。实施新时代人才强国战略，加快建设世界重要人才中心和创新高地的战略任务，着力打造好农业科技"四支队伍"，即一批深怀爱国之心，科学素养深厚，能担纲领衔农业关键核心技术攻关等国家重大科技任务，前瞻性判断力、跨学科理解能力、大兵团作战组织领导能力强的战略科学家队伍；一批富有奉献精神，能够解决"保供、解卡、防风险、绿色转型"等产业难题的农业领军人才和创新团队；一大批三农情怀深厚、创新潜力突出，在重大农业科技项目、创新平台建设、产业技术体系中能挑大梁、当主角的青年科技人才队伍；一大批扎根基层的农技推广人才、高素质农民和乡土人才等乡村振兴实用人才队伍。

到 2025 年，基本建成相对完善的"三农"学科体系，形成一支引领支撑农业农村现代化的战略科学家、科技领军人才、青年科技人才、后备人才队伍，重点培养一批全国农业农村科研杰出人才。短期培训、职业培训和学历教育相互衔接的高素质农民培育新格局逐步完善，农民培育制度不断健全。推介百所乡村振兴人才培养优质校，培养一批具有中高等学历的产业发展带头人、社会事业带头人和基层组织负责人。

第三节　夯实高水平农业科技自立自强平台基础

抓住国家实验室谋划、国家重点实验室体系重组的机遇，积极推进农业领域尤其在生物育种、农业生物安全、作物基因资源和农业资源高效利用、智能农业装备等领域的重大科技条件平台建设。优化布局建设一批国家级作物、畜禽、微生物的种质资源库、保种场，以及国家农业科学观测实验站和数据中心，夯实农业基础性长期性工作根基。对国家级农业科研机构来说，要体现国家意志和国家战略，聚焦战略必争的基础和前沿技术、受制于人的关键核心技术，开展事关我国农业农村发展中的全局性、基础性、前瞻性、长期性和综合性的科学研究。对省级农业科研机构来说，要立足本地区战略性、区域性、应用性经济社会发展需求，聚焦区域农业农村主导产业、新兴战略产业、重大关键技术创新、重大农业问题解决方案，开展农业发展模式集成和农业科技示范引领。中央和地方农业科研院所形成边界清晰、上下贯通、分工协作的院所大平台。

到 2025 年，完善各级各类农业创新主体、平台布局和功能定位，建设一批世界一流国家农业科研机构、涉农高水平研究型大学，培育一批涉农科技领军企业。在生物育种、生物安全、天然橡胶、微生物、深蓝渔业等领域布局一批农业重大科技基础设施和平台。布局提升一批农业领域国家重点实验室和农业农村部学科群重点实验室。建设一批国家农业科学观测实验站和农业科研试验基地。

第四节　加快推进农业科技体制机制改革创新

创新科技治理模式，加快推进农业科技体制机制改革创新，放活科研机构，强化农业科研机构主体定位与核心使命，建立健全现代院所制度，深化绩效评价改革和科技成果产权制度改革。放活人才队伍，培养引用使用好各类人才。把培育国家战略人才力量的政策重心放在青年科技人才上，赋予科学家更多的科研自主权，推进科技人才自由流动，努力建设一支具有突出技术创新能力、"一懂两爱"的农业科技人才队伍。放活技术成果，完善知识产权保护制度。强化知识产权市场监管，加大知识产权保护力度，激励原始创新。完善成果评价与成果转化交易市场体系，充分调动科技创新积极性，激发创新创业活力。

到 2025 年，新时代中国特色农业农村科技创新体系基本完善，加强企业知识产权保护，鼓励企业利用知识产权进行质押融资，企业创新主体地位快速提升，农业科技国际交流与合作不断深化，农业农村科技创新、推广服务更加高效，科技支撑乡村振兴的能力显著提升，形成"职责聚焦、分工科学、导向明确、科产融合"的新格局。

附　表

附表1　"十三五"时期全国农业科研机构课题人员折合全时工作量

单位：人·年

年份	合计		基础研究		应用研究		试验发展		研究与发展成果应用		科技服务	
	合计	研究人员	合计	研究人员	合计	研究人员	合计	研究人员	合计	研究人员	合计	研究人员
2016	49 275	30 658	5 441	3 554	7 570	4 644	21 455	13 550	9 158	5 570	5 651	3 340
2017	52 872.3	36 496.5	6 813.1	4 837	9 032.2	6 270.8	22 370.6	15 448.5	8 954.1	5 923.9	5 702.3	4 016.3
2018	53 580.7	38 374.3	6 895.9	5 027.9	9 440.2	6 680.9	23 649.9	17 010.7	8 200.3	5 769.1	5 394.4	3 885.7
2019	53 685.6	39 192.8	6 897.8	5 060	9 235.8	6 773.4	24 213.6	17 784.6	8 121	5 820.1	5 217.4	3 754.7
2020	54 679	41 016.4	6 997.3	5 280.8	9 120.5	6 734.1	24 066.4	18 174.2	8 882.2	6 633.6	5 612.6	4 193.7

附表2　"十三五"时期全国农业科研机构课题经费投入情况

单位：百万元

年份	合计		基础研究		应用研究		试验发展		研究与发展成果应用		科技服务	
	课题经费投入	政府资金	课题经费投入	政府资金	课题经费投入	政府资金	课题经费投入	政府资金	课题经费投入	政府资金	课题经费投入	政府资金
2016	10 143.16	9 121.37	976.20	920.42	1 619.39	1 447.32	4 769.68	4 247.57	1 718.01	1 556.19	1 059.88	949.87
2017	11 999.96	10 575.69	1 493.36	1 258.17	2 354.69	2 099.89	5 218.59	4 629.55	1 819.27	1 615.15	1 114.05	972.93
2018	12 904.94	11 540.02	1 377.56	1 183.91	2 390.92	2 095.91	6 062.70	5 473.96	1 951.22	1 792.17	1 122.53	994.07
2019	12 532.82	11 433.42	1 162.95	1 093.22	2 419.93	2 159.13	5 825.78	5 305.67	1 857.57	1 723.58	1 266.60	1 151.83
2020	13 437.88	11 564.18	1 336.65	1 179.20	2 314.21	1 937.04	6 172.79	5 408.86	2 143.04	1 812.61	1 471.19	1 226.47

附表3 "十三五"时期全国农业科研机构基本建设情况

单位：百万元

年份	基本建设投资额			
		其中：政府拨款	其中：科研仪器设备	其中：科研土建工程
2016	3 078.70	2 111.45	1 189.71	1 639.93
2017	3 251.30	2 722.37	1 352.06	1 736.80
2018	3 402.35	2 846.79	1 273.55	1 956.35
2019	2 918.54	2 375.85	883.01	1 966.79
2020	2 380.60	1 953.44	662.12	1 603.67

附表4 农业植物新品种保护名录

第一批

属或者种名	学 名
1. 水稻	*Oryza sativa* L.
2. 玉米	*Zea mays* L.
3. 大白菜	*Brassica campestris* L. ssp. *pekinensis*（Lour.）Olsson
4. 马铃薯	*Solanum tuberosum* L.
5. 春兰	*Cymbidium goeringii* Rchb. f
6. 菊属	*Chrysanthemum* L.
7. 石竹属	*Dianthus* L.
8. 唐菖蒲属	*Gladiolus* L.
9. 紫花苜蓿	*Medicago sativa* L.
10. 草地早熟禾	*Poa pratensis* L.

第二批

属或者种名	学 名
1. 普通小麦	*Triticum aestivum* L.
2. 大豆	*Glycine max*（L.）Merrill
3. 甘蓝型油菜	*Brassica napus* L.
4. 花生	*Arachis hypogaea* L.
5. 普通番茄	*Lycopersicon esculentum* Mill.
6. 黄瓜	*Cucumis sativum* L.
7. 辣椒属	*Capsicum* L.
8. 梨属	*Pyrus* L.
9. 酸模属	*Rumex* L.

第三批

属或者种名	学　名
1. 兰属	*Cymbidium* Sw.
2. 百合属	*Lilium* L.
3. 鹤望兰属	*Strelitzia* Ait.
4. 补血草属	*Limonium* Mill.

第四批

属或者种名	学　名
1. 甘薯	*Ipomoea batatas*（L.）Lam.
2. 谷子	*Setaria italica*（L.）Beauv.
3. 桃	*Prunus persica*（L.）Batsch.
4. 荔枝	*Litchi chinensis* Sonn.
5. 普通西瓜	*Citrullus lanatus*（Thunb.）Matsum et Nakai
6. 普通结球甘蓝	*Brassica oleracea* L. var. *capitata*（L.）Alef. var. *alba* DC.
7. 食用萝卜	*Raphanus sativus* L. var. *longipinnatus* Bailey & *Raphanus sativus* L. var. *radiculus* Pers.

第五批

属或者种名	学　名
1. 高粱	*Sorghum bicolor*（L.）Moench
2. 大麦属	*Hordeum* L.
3. 苎麻属	*Boehmeria* L.
4. 苹果属	*Malus* Mill.
5. 柑橘属	*Citrus* L.
6. 香蕉	*Musa acuminata* Colla
7. 猕猴桃属	*Actinidia* Lindl.
8. 葡萄属	*Vitis* L.
9. 李	*Prunus salicina* Lindl. & *P. domestica* L. & *P. cerasifera* Ehrh.
10. 茄子	*Solanum melongena* L.
11. 非洲菊	*Gerbera jamesonii* Bolus

第六批

属或者种名	学　名
1. 棉属	*Gossypium* L.
2. 亚麻	*Linum usitatissimum* L.
3. 桑属	*Morus* L.

（续）

属或者种名	学　名
4. 芥菜型油菜	*Brassica juncea* Czern. et Coss.
5. 蚕豆	*Vicia faba* L.
6. 绿豆	*Vigna radiata*（L.）Wilczek
7. 豌豆	*Pisum sativum* L.
8. 菜豆	*Phaseolus vulgaris* L.
9. 豇豆	*Vigna unguiculata*（L.）Walp.
10. 大葱	*Allium fistulosum* L.
11. 西葫芦	*Cucurbita pepo* L.
12. 花椰菜	*Brassica oleracea* L. var. *botrytis* L.
13. 芹菜	*Apium graveolens* L.
14. 胡萝卜	*Daucus carota* L.
15. 白灵侧耳	*Pleurotus nebrodensis*（Inzenga）Quél.
16. 甜瓜	*Cucumis melo* L.
17. 草莓	*Fragaria ananassa* Duch.
18. 柱花草属	*Stylosanthes* Sw. ex Willd
19. 花毛茛	*Ranunculus asiaticus* L.
20. 华北八宝	*Hylotelephium tatarinowii*（Maxim.）H. Ohba
21. 雁来红	*Amaranthus tricolor* L.

第七批

属或者种名	学　名
1. 橡胶树	*Hevea brasiliensis*（Willd. ex A. de Juss.）Muell. Arg.
2. 茶组	*Camellia* L. Section *Thea*（L.）Dyer
3. 芝麻	*Sesamum indicum* L.
4. 木薯	*Manihot esculenta* Crantz
5. 甘蔗属	*Saccharum* L.
6. 小豆	*Vigna angularis*（Willd.）Ohwi et Ohashi
7. 大蒜	*Allium sativum* L.
8. 不结球白菜	*Brassica campestris* ssp. *chinensis*
9. 花烛属	*Anthurium* Schott
10. 果子蔓属	*Guzmania* Ruiz. & Pav.
11. 龙眼	*Dimocarpus longan* Lour.
12. 人参	*Panax ginseng* C. A. Mey.

第八批

属或者种名	学　名
1. 莲	*Nelumbo nucifera* Gaertn.
2. 蝴蝶兰属	*Phalaenopsis* Bl.
3. 秋海棠属	*Begonia* L.
4. 凤仙花	*Impatiens balsamina* L.
5. 非洲凤仙花	*Impatiens wallerana* Hook. f.
6. 新几内亚凤仙花	*Impatiens hawkeri* Bull.

第九批

属或者种名	学　名
1. 芥菜	*Brassica juncea*（L.）Czern. et coss
2. 芥蓝	*Brassica alboglabra* Bailey L.
3. 枇杷	*Eriobotrya japonica* Lindl.
4. 樱桃	*Prunus avium* L.
5. 莴苣	*Lactuca sativa* L.
6. 三七	*Panax notoginseng*（Burk）F. H. Chen
7. 苦瓜	*Momordica charantia* L.
8. 冬瓜	*Benincasa hispida* Cogn.
9. 燕麦	*Avena sativa* L. & *Avena nuda* L.
10. 芒果	*Mangifera indica* L.
11. 万寿菊属	*Tagetes* L.
12. 郁金香属	*Tulipa* L.
13. 烟草	*Nicotiana tabacum* L. & *Nicotiana rustica* L.

第十批

属或者种名	学　名
1. 向日葵	*Helianthus annuus* L.
2. 荞麦属	*Fagopyrum* Mill.
3. 白菜型油菜	*Brassica campestris* L.
4. 薏苡属	*Coix* L.
5. 蓖麻	*Ricinus communis* L.
6. 菠菜	*Spinacia oleracea* L.
7. 南瓜	*Cucurbita moschata* Duch.
8. 丝瓜属	*Luffa* Mill.

（续）

属或者种名	学 名
9. 青花菜	*Brassica oleracea* L. var. *italica* Plenck
10. 洋葱	*Allium cepa* L.
11. 姜	*Zingiber officinale* Rosc.
12. 茭白（菰）	*Zizania latifolia* （Griseb.） Turcz. ex Stapf.
13. 芦笋（石刁柏）	*Asparagus officinalis* L.
14. 山药（薯蓣）	*Dioscorea alata* L.；*Dioscorea polystachya* Turcz.；*Dioscorea japonica* Thunb.
15. 菊芋	*Helianthus tuberosus* L.
16. 咖啡黄葵	*Abelmoschus esculentus* （L.） Moench
17. 杨梅属	*Myrica* L.
18. 椰子	*Cocos nucifera* L.
19. 凤梨属	*Ananas* Mill.
20. 番木瓜	*Carica papaya* L.
21. 木菠萝（菠萝蜜）	*Artocarpus heterophyllus* Lam.
22. 无花果	*Ficus carica* L.
23. 仙客来	*Cyclamen persicum* Mill.
24. 一串红	*Salvia splendens* Ker-Gawler
25. 三色堇	*Viola tricolor* L.
26. 矮牵牛（碧冬茄）	*Petunia hybrida* Vilm.
27. 马蹄莲属	*Zantedeschia* Spreng.
28. 铁线莲属	*Clematis* L.
29. 石斛属	*Dendrobium* Sw.
30. 萱草属	*Hemerocallis* L.
31. 薰衣草属	*Lavandula* L.
32. 欧报春	*Primula vulgaris* Huds.
33. 水仙属	*Narcissus* L.
34. 羊肚菌属	*Morchella* Dill. ex Pers.
35. 香菇	*Lentinula edodes* （Berk.） Pegler
36. 黑木耳	*Auricularia heimuer* F. Wu，B. K. Cui & Y. C. Dai
37. 灵芝属	*Ganoderma* P. Karst.
38. 双孢蘑菇	*Agaricus bisporus* （J. E. Lange） Imbach
39. 枸杞属	*Lycium* L.
40. 天麻	*Gastrodia elata* Bl.
41. 灯盏花（短莛飞蓬）	*Erigeron breviscapus* （Vant.） Hand.-Mazz.

（续）

属或者种名	学　名
42. 何首乌	*Fallopia multiflora*（Thunb.）Harald.
43. 菘蓝	*Isatis indigotica* Fort.
44. 甜菊（甜叶菊）	*Stevia rebaudiana* Bertoni.
45. 结缕草	*Zoysia japonica* Steud.

第十一批

属或者种名	学　名
1. 甜菜	*Beta vulgaris* L.
2. 稷（糜子）	*Panicum miliaceum* L.
3. 大麻槿（红麻）	*Hibiscus cannabinus* L.
4. 可可	*Theobroma cacao* L.
5. 苋属	*Amaranthus* L.
6. 狗牙根属	*Cynodon* Rich.
7. 鸭茅	*Dactylis glomerata* L.
8. 红车轴草（红三叶）	*Trifolium pratense* L.
9. 黑麦草属	*Lolium* L.
10. 羊茅属	*Festuca* L.
11. 狼尾草属	*Pennisetum* Rich.
12. 白车轴草（白三叶）	*Trifolium repens* L.
13. 魔芋属	*Amorphophallus* Bl. ex Decne.
14. 芋	*Colocasia esculenta*（L.）Schott
15. 荠	*Capsella bursa-pastoris*（L.）Medic.
16. 蕹菜（空心菜）	*Ipomoea aquatica* Forsk.
17. 芫荽（香菜）	*Coriandrum sativum* L.
18. 韭菜	*Allium tuberosum* Rottl. ex Spreng.
19. 紫苏	*Perilla frutescens*（L.）Britt.
20. 芭蕉属	*Musa* L.
21. 量天尺属	*Hylocereus*（Berg.）Britt. et Rose
22. 西番莲属	*Passiflora* L.
23. 梅	*Prunus mume* Sieb. et Zucc
24. 石蒜属	*Lycoris* Herb.
25. 睡莲属	*Nymphaea* L.
26. 天竺葵属	*Pelargonium* L' Herit. ex Ait.

（续）

属或者种名	学　名
27. 鸢尾属	*Iris* L.
28. 芍药组	*Paeonia* Sect. *Paeonia* DC. Prodr.
29. 六出花属	*Alstroemeria* L.
30. 香雪兰属	*Freesia* Klatt
31. 蟹爪兰属	*Zygocactus* K. Schum.
32. 朱顶红属	*Hippeastrum* Herb.
33. 满天星	*Gypsophila paniculata* L.
34. 金针菇	*Flammulina velutipes*（E.）Singer
35. 蛹虫草	*Cordyceps militaris*（L. ex Fr.）Link.
36. 长根菇	*Hymenopellis raphanipes*（Berk.）R. H. Pertersen
37. 猴头菌	*Hericium erinaceum*（Bull.）Pers.
38. 毛木耳	*Auricularia cornea* Ehrenb.
39. 蝉花	*Isaria cicadae* Miquel
40. 真姬菇	*Hypsizygus marmoreus*（Peck）H. E. Bigelow
41. 平菇（糙皮侧耳、弗罗里达侧耳）	*Pleurotus ostreatus*（Jacq.）P. Kumm. & *Pleurotus floridanus* Singer
42. 秀珍菇（肺形侧耳）	*Pleurotus pulmonarius*（Fr.）Quél.
43. 红花	*Carthamus tinctorius* L.
44. 淫羊藿属	*Epimedium* L.
45. 松果菊属	*Echinacea* Moench.
46. 金银花	*Lonicera japonica* Thumb.
47. 柴胡属	*Bupleurum* L.
48. 黄芪属	*Astragalus* L.
49. 美丽鸡血藤（牛大力）	*Callerya speciosa*（Champ. Ex Benth.）Schot
50. 穿心莲	*Andrographis paniculata*（Burm. f.）Nees
51. 丹参	*Salvia miltiorrhiza* Bge.
52. 黄花蒿	*Artemisia annua* L.
53. 砂仁	*Amomum villosum* Lour.

图书在版编目（CIP）数据

"十三五"中国农业农村科技发展报告 / 农业农村
部科技教育司，农业农村部科技发展中心编. —北京：
中国农业出版社，2022.4
ISBN 978-7-109-29351-9

Ⅰ.①十… Ⅱ.①农… ②农… Ⅲ.①农业技术－技
术发展－研究报告－中国－2016－2020 Ⅳ.①F323.3

中国版本图书馆 CIP 数据核字（2022）第 066694 号

中国农业出版社出版

地址：北京市朝阳区麦子店街 18 号楼
邮编：100125
责任编辑：闫保荣
版式设计：杜　然　责任校对：刘丽香
印刷：中农印务有限公司
版次：2022 年 4 月第 1 版
印次：2022 年 4 月北京第 1 次印刷
发行：新华书店北京发行所
开本：787mm×1092mm　1/16
印张：4.25
字数：100 千字
定价：98.00 元